名师名校名校长

凝聚名师共识
回应名师关怀
打造名师品牌
培育名师群体
程晓远题

立人课堂

核心素养视域下
高中课堂范式的构建与实践

蒋美衡　曾鹏辉　杨婷君 ／ 著

中国文联出版社

图书在版编目（CIP）数据

立人课堂：核心素养视域下高中课堂范式的构建与
实践 / 蒋美衡，曾鹏辉，杨婷君著. — 北京：中国文
联出版社，2022.3
ISBN 978-7-5190-4822-8

Ⅰ.①立… Ⅱ.①蒋… ②曾… ③杨… Ⅲ.①课堂教
学—教学研究—高中 Ⅳ.①G632.421

中国版本图书馆CIP数据核字（2022）第048009号

著　　者　蒋美衡　曾鹏辉　杨婷君
责任编辑　刘　旭
责任校对　吉雅欣
装帧设计　刘贝贝　李　娜

出版发行　中国文联出版社有限公司
社　　址　北京市朝阳区农展馆南里10号　　邮编　100125
电　　话　010-85923025（发行部）　　010-85923091（总编室）
经　　销　全国新华书店等
印　　刷　北京米乐印刷有限公司

开　　本　710毫米×1000毫米　　1/16
印　　张　13.25
字　　数　206千字
版　　次　2022年3月第1版第1次印刷
定　　价　68.00元

  课堂是教育的主战场，一端连接着学生，一端连接着民族的未来，教育改革只有进入到课堂的层面，才真正进入了深水区，课堂不变，教育就不变，教育不变，学生就不变，课堂是教育发展的核心地带。为学习领会《中国教育现代化2035》提出的"发展中国特色世界先进水平的优质教育"深刻内涵，落实东莞市教育局打造"品质教育"要求，东莞市第八高级中学进行了课堂改革，通过不断探索与实践，构建了符合普通高中课堂范式的"立人课堂"。"立人课堂"教学改革贯彻国家以"核心素养"为中心的教育理念，是基础教育改革中普通高中课堂改革的有益探索。同时，"立人课堂"课堂范式也是东莞市第八高级中学品质课堂建设的研究成果。

  本研究采用高中学校实践与华南师范大学廖文博士团队共同研发的模式，从"对每一位学生的终身发展负责"办学宗旨出发，基于生源普通的现状，聚焦课堂模式创新、聚焦科学学习策略、聚焦评价改革，深入开展全学科、生态型课堂教学范式研究与探索，推进学校育人生态变革，探索提炼可操作、可推广、可模块应用的品质课堂范式——立人课堂。"立人课堂"教学改革积极应对深化课程改革进程中的实际挑战，从一线教学课堂出发，与以学生学习为中心、以培育学生核心素养为目标的课程理念深度契合，着力研究当前我国在高中课堂教学中存在的重点与难点，从而整体提高课堂教学的质量和水平，打造学校办学品质卓越、特色的教育品牌。

  本书基于核心素养视域，立足新高考、新教材与新评价体系，从理论篇、实践篇与反思篇来解读"立人课堂"改革。理论篇侧重教育改革与立人课堂，立人课堂教学理论与立人课堂模式的解读，从理论的角度阐释立人课堂的产生与构建过程；实践篇详细阐述了立人课堂改革从前期推进到中期经验的总结；反思篇通过反思性课堂实践，将立人课堂教学范式在课堂中运用，在实践中不断总结与升华，最后又回归课堂。从敢于怀疑自己课堂、敢于突破自己到将教学反思应用于教学实践，倾注全力去发现并反思情境学习的意义和价值，展开实践反思，分享实践经验，增长实践智慧，从而不断地向高层次迈进。整本书以课堂改革为主线，充分关注每一位学生的个体差异与个性化需求，将立人课堂立"人"于"课堂"上，培育一批又一批学生；在"课堂"之上成就一批又一批教师，推动每一个教师快速成长，希望最终把一个好学校"树立"起来，寻找到普通高中学校发展的未来课堂之路！

目录

实 践 篇

反 思 篇

理论篇

第一章

立人课堂的基本内涵

在《教育学讲义》中，康德（Kant）谈道："人唯有凭借教育才能成为人。人绝非人所创造的教育以外的产物。确切地说，人唯有凭借人，亦即唯有凭借同样受过教育的人才可能受教育。"学校教育的主阵地就是课堂。"课堂不变，教师不会变；教师不变，学校不会变。"课堂教学改革已经成为世界教育改革的核心。

第一节 立人课堂改革的意义

一、课堂改革与核心素养

从2001年我国教育部开始推进新课程改革，至今已经过去了二十年。新课程改革强调教学方式的改变，提出："改变课程过于注重知识传授的倾向，强调形成积极主动的学习态度，使获得知识与技能的过程成为学会学习和形成正确价值观的过程。"衡量新课程改革成败的标准之一，就是看教学方式有没有发生变革，学生有没有成为学习的主人。从"知识传递"的教学转向"知识建构"的教学，从"单方面灌输中心课堂"转向"多方对话中心课堂"，这些才是课程改革目标。

"立人课堂"教学改革是基础教育改革的普通高中课堂改革进行的有益探索，是符合当前国家课程改革要求的课堂改革。"立人课堂"教学改革侧重于知识建构的教学，通过思考外化，利用思维工具与思维方法，帮助学生建构知识，从单方面接受输入式教学转向建构与输出型课堂。

2014年，我国以普通高中课程标准修订为标志的基础教育课程改革深化工程正式启动，它深入总结了21世纪以来我国普通高中课程改革的宝贵经验，充分借鉴国际课程改革的优秀成果。这次高中课程（包括课程标准、教材等）修订特别关注对中国学生发展核心素养研究成果的转化与落实，聚焦各学科课程本质，侧重于对学生核心素养的培养。

2016年6月3日，世界教育创新峰会与北京师范大学联合发布了国际上首份21世纪核心素养进展报告——《面向未来：21世纪核心素养教育的全球经验》，在全球范围内分析了有代表性的5个国际组织和24个国家或地区的21世纪核心素养架构。

理论篇

2018年北京师范大学中国教育创新研究院举行发布会，首次对外发布《21世纪核心素养5C模型研究报告（中文版）》。这份报告吸纳了中国学者在相关领域的研究成果，并基于我国社会、经济、科技、教育发展需求，进一步追问"打下中国根基、兼具国际视野"的人应该具有哪些素养，为全球核心素养教育提供"中国方案"。"21世纪核心素养5C模型"包括文化理解与传承（culture competency）、审辩思维（critical thinking）、创新（creativity）、沟通（communication）、合作（collaboration）。其中"文化理解与传承"素养是核心，为其他素养提供价值指引。该素养是一个中国人具有中国根基、打下中国烙印的体现。五项素养既各有侧重，又相互紧密关联。

将5C核心素养框架完整融入高中学科课程教学设计当中，是高中课堂教学中的有效尝试。在课堂教学设计中将知识目标与核心素养目标区分开来，通过教师每节课明确应培养学生什么核心素养与怎样培养学生的核心素养，充分落实培养学生正确价值观念、必备品格和关键能力。

落实发展中国学生核心素养的载体是课程、教材、教学。本次课程改革要求在修订各学科课程标准的过程中，要充分挖掘每一门学科课程独特的育人价值，基于学科本质将课程目标进一步显性展示为学科核心素养，即学生修习学科课程后应达成的正确价值观念、必备品格和关键能力。这一切的变化都需要落实在课堂上。面对这一系列的教学改革，对于课堂的主体之一——教师的挑战是全方位的。这要求教师从教学理念、教学方式等方面进行全方位的改变。

"立人课堂"教学改革深度契合以核心素养为目标的课程理念，立足于推动以学生学习为中心，以学生核心素养培育为目标的教学改革，着力研究解决当前我国在课堂教学中存在的重点与难点问题，全面应对深化课程改革进程中教学改革的实际挑战，从一线教学课堂出发，整体提高课堂教学的质量和水平。

二、现实课堂困境与学校改革

（一）现实课堂困境

在国家以全面深化课程改革作为新时代落实立德树人根本任务标志性工

程的大背景下，新招考、新课标、新教材的改革都应运而生。新课改传播了先进的教育理念，积极推进了人才培养模式变革，一些学校主动应对课改要求，创新了教学方式，教师的教学观念随之悄然变化。在2011年，74%的教师认同"合作、自主、探究"的课改理念，52%的教师以启发式教学为主，26%的教师以小组讨论教学为主。虽然教师们接受了新的教学观念，但是绝大多数教师在日常课堂，特别是应试压力较大的高中课堂，更多采取的是"满堂灌"的教学方式。

当改革目标与任务必须全面依赖校长和教师的行为进行系统转化，最终落实在学校办学和课堂教学之中时，改革的阻碍丛生。教学变革"模式化""程序化"倾向严重，"浅表化""形式化"问题突出，"导学案"等形式单一化；将目标停留于教案之上，"应试化""知识灌输化"等问题层出不穷；未从学生自身认知特点和学习规律出发，仅仅考虑学科的知识达成是普遍存在的现象。

当前像东莞市第八高级中学这种生源较为普通的高中学校，面对教学改革，经过深入调研，结合实际，总结出必须要突破以下三大现实困境。

（1）教师可否摒弃"满堂灌"模式，主动探寻适合新育人要求的课堂范式？

当前的课堂忽视思维过程，排斥求异思维，留给学生独立思考的时间和空间极为有限；重知识传授、轻能力培养，学生作为学习者的主体地位没有得到真正的提高。如何通过课堂培养学生的合作探究意识？如何分层才能促进学生差异思考？如何提高课堂效率，提升学生学科素养？……这一系列的问题都是我们当前面临的现实问题。面对当前新课改、新招考的要求，高中课堂应该探索什么样的课堂范式？

（2）如何解决普通高中生"自信心不足、学习方法落后、学习动机弱、学习体验差"等问题？

在传统课堂中，教师讲授事无巨细，全面覆盖，导致学生学习体验差。高中学生在课堂中花大量时间在记笔记，等待教师给出答案，缺乏针对具体章节内容的方法和更为一般通用的方法、技巧和策略，同时让学生没有学会反思和优化自己的学习过程；有些学生过于关注分数，投入大量时间去完成作业，拼时间、拼精力，超出自己的承受能力去苦读书，打消学生学习的乐趣，使其产生对学习的厌恶，严重压抑学生的灵活性和创造性，导致机械性学习和思维僵化。高中知识与初中知识的内容、难度都有较大区别，要求学生掌握的知识面广，导致学生自信心不足，学习动机弱。如何通过课堂教学缓解学生一系列的学习问题，也是当前高中学校课堂教学改革需要关注的重点问题。

（3）如何推进真正有效的"课堂革命"，达成学校育人生态可持续发展？

新课程改革最终的落脚点是学校。落实与推进真正有效的课堂革命并不仅仅在于课堂与教师，更重要的是学校、教师、学生三者如何做到有机协调，和谐共处，达成学校育人生态可持续发展。

面对第四次工业革命带来的对人才素养的新需求，国家已经开始积极进行教育改革。但应试教育根深蒂固，并不是较短时间内就可以解决的。让学生为应试而机械地学习、记忆、训练，导致学生会做题却不会解决真实问题的现象尤为普遍；学生所学的内容与未来职业、生活的关联性不强，脱离现实情境的、碎片化的概念学习，割裂的学科做题技能，难以迁移应用，不能激发学习兴趣的现象普遍存在；高中课堂的"讲授告知式"教学的主导地位，导致难以实现新课改倡导的自主、合作、探究的学习方式和个性化的、实践性的学习，最终难以培养学生发展核心素养，学生成为单纯的学习机器。如何在普通高中学校进行有效的课堂改革成了解决一系列现实问题的第一阵地。

（二）立人课堂改革

面对一系列现实问题与新课程改革大趋势，2016年东莞市第八高级中学在"十三五"规划中明确提出要按照国家新招考改革需求开展"课堂革命"：从"对每一位学生的终身发展负责"的办学宗旨出发，基于普通生源的现状，聚焦课堂模式创新、聚焦科学学习策略、聚焦评价改革，深入开展全学科、生态型课堂教学范式研究和探索，推进学校育人生态变革，探索提炼可操作、可推广、可模块应用的品质课堂范式——立人课堂，有效促进办学质量提升。

东莞市第八高级中学位于东莞市樟木头镇。学校秉承了百年名校东莞中学"自主、和谐、共同发展"的办学理念，坚持"对每一位学生的终身发展负责"的办学宗旨，结合学校所在地樟木头镇地处东莞东部山区镇又靠近深圳的独特区位和人文环境，在建校之初就提出"立德树人"的办学核心任务，确定了"立人教育"的品牌定位，建设"立人堂"。始终坚持将学校教育的关怀指向在校学习和生活的每一个学生。近十年来，学校稳健发展，办学质量优良，形象与美誉度不断攀升。面对"新十年"发展大计，把握新时代学校教育变革要求、粤港澳大湾区人才培养格局调整的战略机遇、高中学校未来发展的使命挑战，八中办学者坚持党对教育事业的全面领导，坚持把"立德树人"作为根本任务，坚持扎根中国大地办教育，坚持以人民为中心发展教育，确立了新时代"立人教育"的品牌。

　　"立人教育"以百年东莞中学办学文脉为源泉，依托于学校当地特有文化环境，在教学楼"立人堂"生态氛围沉浸中，以"立志、立德、立言、立行"为育人路径去培养"具有家国情怀、科学精神、合作意识、健康自信的时代新人"。立人教育：立德树人，本立而道生。"道"是人生的全部意义和终极人生追求，也是个体为学、为人、成事、处世的存在意义和价值尺度。《论语》载夫子语"夫仁者，己欲立而立人，己欲达而达人"，是指个人的立身与成德，"立人"则是指"立己"（个人发展）和学校发展的和谐。我们的教育，循新时代教育之"道"，立新时代之"人"。"立人课堂"以"立德树人"为根本任务，以"对每一位学生的终身发展负责"为价值追求，倡导自主的教育精神，尊重生命的主体性，教师自觉追求教育理想、主动探索教育规律；学生自主地发展，主动地探求智慧，自律地修炼品格，独立地安排生活。营造和谐的教育生态，创造丰富、高质量、高品位的校园生活，将学校的各个系统、各种关系、各种资源置于一种符合规律的、赏心悦目的、和谐共生的平衡状态，为广大师生提供基于可持续发展生态意义的校园生活，成为教育美好的成长园地和精神家园。追求共同发展的教育目标，一是学生的全体发展，即每一个学生都得到最适合于他自身的发展；二是师生的同步发展，即师生在生命互动的教育过程中都获得发展；三是学校与师生的协同发展，即学校与其成员在相互依赖、相互影响、相互促进关系下的联动性发展。

理
论
篇

立人课堂立"人"于"课堂"，在"课堂"之上成就一批又一批好教师，培育一批又一批好学生，最终把一个好学校"树立"起来。立人课堂充分关注每一个学生个体差异和个性化需求，推动每一个教师快速成长、形成独特的教学魅力，凸显学校办学品质，树立卓越、特色的教育品牌。

参考文献

［日］筑波大学教育学研究会.现代教育学基础（中文修订版）［M］.钟启泉，译.上海：上海教育出版社，2003.

第二节　生态课堂与立人课堂

　　自然界是一个有机联系的整体，每一个系统都不是孤立的，它处于纵向的各个系统中，也与横向的系统发生着各种各样的联系。课堂有广义和狭义之分。广义的课堂，泛指进行各种教学活动的场所，也就是说，凡是发生教学活动的地方，都存在课堂。时间不固定，空间涉及社会、学校和家庭。人们可以在社会实践、学校教育和家庭生活中从事教育性实践活动和认识活动，相互传递知识和经验。狭义的课堂是指学校育人的场所，具体地说，指在学校中被用来进行教学活动，以传递、转化和建构教育知识为基本手段，旨在让学生掌握知识、发展智力和能力、培养品德和促进个性发展的场所。立人课堂主要指向狭义的课堂。

　　课堂中有各种组成要素，各要素有自己的运演规律，但它们之间绝不是相互独立、互不相干的，而是进行着自发的转移和人为的推动，促进课堂系统呈现"不平稳—平稳—新的不平衡—新的平衡"的发展态势。生态型课堂要求"把学生作为教育本体，作为教学的第一资源，旨在为他们建立一个自由、和谐、富有个性且独立自主的生态学习环境，使学生的认知、情感、态度和价值观整体协调发展，使课堂中的'物质''能量''信息'不断转换，螺旋式上升，从而使课堂教学质量不断获得提升，实现课堂整体与动态的统一发展"。

一、生态课堂的基本特征

1. 整体性

生态学认为，任何生物都是由各部分组成的有序、稳定、完整的生命共同体。课堂生态即由"师生和教学环境交互作用形成整体"。首先表现为师生与课堂环境的相互影响，如主体的精神饱满、心情愉悦。其次表现为课堂主体之间的相互作用、相互适应，如教师在成功"塑造"学生时，学生也反之影响教师，师生间相互认可、谐振共鸣。

2. 协变性

生态学认为，一个物种的进化必然引起另一物种及相关物种发生协同变化，这种相互适应、作用的共同进化即协变性。在课堂教学上，则表现为各个要素间的协同变化。如课堂上师生情绪情感交织形成生态性心理场，教师上课激情高，学生也会不经意地受到感染；面对无精打采的学生，教师的情绪也难免被带入"低谷"。

理
论
篇

3. 共生性

生态学认为，生物生活在一起，一方的存在以另一方的存在为条件而长期共生；同时又直接或间接地发生着联系，师生之间的关系也是一种互利共生的生态关系。教师与学生是相互促进、相互成长的。

4. 动态平衡性

生态学认为，在一定的时间内和相对稳定的条件下，生态系统各部分结构和功能处于相互适应和协调的动态之中。如在课堂教学中，在不考虑其他生态要素的影响下，输入学生没有掌握的信息和知识，经过学生的内部"加工"，形成解决问题的能力。而若教师输入过多的信息到课堂，必然引起课堂生态的失衡。为了达到新的平衡，必然要求师生调整教与学的关系，以促成动态稳定。

二、立人课堂与生态课堂的关系

1. 立人课堂强调课堂应是师生共同的舞台

以学生为主体，充分发挥教师的主导作用。强调每节课有关键问题，有思维培养，有互动和交流。这种互动和交流既是生生之间、小组内部与全班的交流，也有师生之间的互动和沟通。教师不再是那个传统板着脸的教书匠，而是有着个人魅力，接地气的合作学习"伙伴"。在立人课堂评价表当中，就特别要求课堂要有生动的学习情境、活泼的课堂气氛、积极的师生交流、多样的互动方式。立人课堂调动学生的主体性，开发学生的自我意识，使学生进入自我超越、自我战胜的境界，而这一过程的关键在于教师。没有教师的思想解放，就很难有学生的个性发展；没有教师生命质量的提升，就很难有高的教育质量；没有教师的主动发展，就很难有学生的自主发展。构建"共同成长"的课堂管理机制，就是让教师高效、愉悦地进行课堂教学，让教师和学生在课堂教学中"共同成长"。

表1-2-1

教师教学过程评价			
1.学习目标达成度高	10分制	2.教学过程流畅、结构清晰	10分制
3.信息技术运用适切	10分制	4.非智力因素（情绪、兴趣、个性、意志、态度）培养适切	10分制
5.学科思维培养充分	10分制	6.学习氛围创设良好	10分制
7.即时反馈及时合理	10分制	8.学习重点难点突破有效	10分制
9.教师教学风格鲜明	10分制	10.作业设计科学合理	10分制

其中第4、5、6、9项的评价重点就是突出了课堂的生态性。从非智力因素培养，到学习氛围创设与教师教学风格鲜明，通过教师、学生之间及他们与教学环境之间相互作用的良性发展、动态平稳，为学生建立一个自由、和谐、富有个性且独立自主的生态学习环境。立人课堂着力营造和谐的课堂生态，将适合学生发展、师生共同成长、学校与师生协同发展这三个生态系统有机结合，将课堂与学校教育的各个系统、各种关系、各种资源置于一种符合规律与和谐共生的生态平衡状态，为广大师生提供基于可持续发展生态意

义的课堂环境。

2. 立人课堂的生态性更关注持续发展

立人课堂就是以促进每一个学生的持续发展为目标，教育的出发点和归宿，以培养学生的终身学习能力为终极指向。在小组学习、合作学习、探究学习的过程中，让学生学会学习、学会交往、学会合作、学会思考，培养其终身发展的能力。

表1-2-2

师生·生生互动评价			
1.学生学习兴趣状况	10分制	2.学生的课堂参与度	10分制
3.课堂练习与训练状况	10分制	4.独立思考自主学习状况	10分制
5.分层指导因材施教	10分制	6.小组合作学习状况（聆听、思考、表达、互评、自评）	10分制
7.学生课堂时间管理表现	10分制	8.学生自律情况	10分制
9.课堂发言学生代表综合素养表现	10分制	10.学生课堂提问状况	10分制

参考文献

[1] 黄远振，陈维振.课堂生态的内涵及研究取向[J].教育科学研究，2008（10）.

[2] 杜亚丽，陈旭远.透视生态课堂的基本因素及特征[J].教育理论与实践，2009（19）.

第三节　立人课堂的基本特征

课堂的本质是什么？如何在课堂上进行完整的学习？

日本教育家佐藤学教授提出学习是"以交往与对话为特征的活动"，他将学习界定为一种"对话性实践"，即学习者与客观世界的对话、学习者与他人的对话、学习者与自身的对话，学习就是一种"构筑世界""构筑伙伴""构筑自身"的实践。学习活动本身内在地包含着学生与自然世界、学生与社会世界、学生与自我世界的三重关系，因此，学习是一种三位一体的完整的实践活动。

首先，从学生与学习内容的关系来看，学习是认知性、文化性的实践。在学习活动中，个体与学习内容之间不断进行着客体主体化、主体客体化的实践活动。作为客体的知识实现了人化，不断向人生成，逐渐获得属人性质，成为个人化的知识；作为主体的人通过思维、认知、体验等活动，实现对知识的改造，吸收知识的价值和意义，重新建构包括他的需要、能力、知识结构、思维模式等在内的心智结构，实现人的本质力量的确证与增加。

其次，从学生与他人的关系来看，学习是交往性、社会性的实践。学生在学习活动中通过交流、沟通创造了师生关系、生生关系、朋友关系。这些关系既是学习关系，又是伙伴关系。

最后，从学生与自我的关系来看，学习是伦理性、存在性的实践。在学习过程中，学习是一种以自身为对象的特殊实践，是一种"人性自我建构的实践活动"。在自我建构的实践活动中，学生既是学习活动的主体，又是学习活动的客体，通过主客体的相互作用不断改造自己、发展自己、完善自己，对自身已有的心智结构进行审视与反思，"积极推进已有心智结构按所需要的方向发生相应的变化，实现预期目的对象化、现实化"。由此可见，学生在学习这种特殊的实践中既改造了外部世界，也改造了自身内部世界，并在这个过程中不断地扬弃外部世界和自身主观世界的自在性，实现对客观世界和自身的超越。

立人课堂在不断的实践过程中，一直在追问课堂的本质是什么，我们要追求的课堂是什么样的课堂。总结一下，立人课堂应该是注重培养学生思维能力的课堂，是激发学生"元认知"的课堂，是合作探究的课堂，也是信息赋能的课堂。立人课堂是符合当前时代趋势，符合教育规律，立足于每一个学生终身发展的课堂。

一、立人课堂是学生思维力发展的课堂

高中课堂绝大多数都是"知识灌输型"课堂，主要是由于高考的压力，高中课堂更多的是只看重结果不重视原因，只关注学会却不关注会学，只关注成绩与外在表现而不关心学生的心理能力及思维能力，揠苗助长。正因为如此，导致其教学方式主要采取死记硬背和题海战术，教师与学生都投入大量时间和精力，却收效甚微，效能低下。这样做的结果极有可能导致学生产生厌学情绪及思维弱化，理解能力和系统思考能力都较差，很多学生不但不会思考，甚至不愿意思考，而且习惯了不思考。只要多读、多背、多写、多做题就能产生牢固的记忆，从而取得好成绩。这源于行为主义心理学的"刺激—反应"（S-R）学习理论，即通过反复刺激及反复训练，会形成强势连接，并且这种连接是直接的，不需要任何形式的中介。无疑，这一理论在某些阶段或范围内是有意义和价值的。但面对当前瞬息万变的世界，创新的地位不断提升，"创新是第一生产力""有创新，才有实力"，仅仅培养会应试的学生显然是不够的，而培养学生的思维力无疑是当前课堂的重点内容。

如何提升课堂思维含量，使学生的思维能力在我们的教学过程中得到充分的发展？近些年来，思维导图、概念图等图示技术在教学中的运用日渐广泛，但大都收效甚微。思维可视化成为当前各个学科都在谈论的热点话题。如果仅仅使用图示或图示结合的方式将学科思维呈现出来，肯定是不够的。要锻炼学生的思维能力，不能仅仅依靠单一的思维可视化技术，而是应该将

理

论

篇

思维外化形成一个系统的工程进行培养，才能让学生的思维能力培养得以系统化。刘濯源在《刘濯源谈思维可视化教学体系对基础教育品质提升的多重价值》中将思维可视化与学科教学进行深度整合的关键是将四大规律与图示技术融合起来。这四大规律分别是：心理规律、思维规律、学科规律、考试规律。立人课堂在思维外化过程中，要求课堂需要符合考试规律、心理规律、学科规律、思维规律。帮助学生提升备考能力，减轻学习压力，能激发学生想学的心理和学习的热情；符合高中学生的心理规律，让学生在学习过程中获得良好的心理体验，能让学生乐学；融入学科规律才能顺利完成知识建构，形成学科知识体系；结合思维规律就能在知识建构的过程中发展学生的思维能力。只有将四大规律统一于课堂才能使思维外化真正发挥作用。

立人课堂构建思维外化体系，从不同的角度，采用不同的方式促使思维外化，真正系统培养学生的思维能力。首先，强调学生思维工具的使用，将思维以图示或图示组合的方式把原本不可见的思维结构、思考路径及方法呈现出来；其次，以思维工具为载体，以每节不同学科的课堂为平台，以小组讨论后的表达为媒介，将课堂表达规范化，在表达的过程中进行思维的整理与可视化；最后，入学教育加入思维工具课程培训，课后作业强调思维强化巩固，课外进行思维工具运用大赛。通过这一系列的措施，给学生营造思维训练的氛围，使学生形成思考的习惯，真正做到培养学生的核心素养与关键能力。

表1-3-1

教学设计重难点突破教学策略	
教学模式	讲授模式□　直接教学模式□　概念教学模式□
	合作学习模式□　基于问题的学习模式□　课堂讨论模式□
资源策略	视频资料□　图文资料□　表格资料□　活动资料□　其他□＿＿＿
学习策略	课堂练习□　游戏□　竞赛□　探究操作□　头脑风暴□　讨论□　其他□＿＿＿
学习思维发展策略	系统思维□　辩证思维□　逻辑思维□　批判思维□　发散思维□
	灵感思维□　形象思维□　创新思维□
思维工具	思维导图□　概念图□　气泡图□　树状图□　表格□　流程图□　九宫图□　5W2H□　SWOT□

二、立人课堂是激发学生学习"元认知"的课堂

元认知通常被称为"思考思考"。但这只是一个简单的定义。元认知是一种调节系统，可以帮助人们理解和控制自己的认知表现。2009年，哈克谈到元认知："它使人们能够掌握自己的学习。它涉及对他们学习方式的认识，对学习需求的评估，产生满足这些需求的策略，然后实施这些策略。"学习者在建立元认知技能时，通常会表现为自信心增强，自我效能感提高，从而激发学习者学习动机，并取得良好的学习效果。它对于有效的独立学习是至关重要的，因为元认知可以培养学习者的前瞻性和自我反思能力。

绝大多数理论家认为，元认知包括认知知识与认知调节两大部分。认知知识包括三个组成部分：对影响个人绩效的因素了解；知道用于学习的不同类型策略；知道针对特定学习情况使用哪种策略。认知调节涉及：设定目标和计划；监督和控制学习；评估自己的法规（评估使用的结果和策略）。在学习过程中，立人课堂通过帮助学生确定学习目标及监控达成目标的过程、掌握相应的学习策略等，让学生学会控制和促进自己的学习。学生首先需要清楚在特定情境下他们已有的知识和需要掌握的知识，然后必须做出两方面的思考：一是要明确任务、目标是什么，以及自身现有能力如何；二是要考虑何时、如何使用特定的程序和方法等来解决问题。实践表明，拥有元认知能力的学习者学习成绩更加突出。

学习科学研究指出，学生的元认知能力是可以通过直接教学或观察和模仿教师/学科专家解决问题、进行思考时的策略来加以培养的。当然，让学生建构所学主题的思维图，使学生有意识地建立联系、建构意义，并外化其思维过程，有利于提高其对知识的理解和应用能力。

立人课堂在培养学生元认知上的训练主要集中在以下内容：

（1）明确认知自身知识掌握情况。课前进行学情分析，明确整体学生对所学知识掌握情况，有哪些知识是已知的，哪些知识对哪些同学有难度。教师主要通过研磨案的完成情况进行了解。学生也可以通过研磨案的预习案进行自我检测。

（2）把你的思维过程展示出来。课中，要求学生将自己的思维过程用语

言或思维工具进行可视化呈现。只有学生自己展示出思维过程，才能对自我的知识学习有更明确的认知。

（3）鼓励自我质疑与自我反省。无论课中与课后，强调学生在学习过程中和学习后的自我质疑与自我反思。要求学生学会产生自己的问题，并回答它们以增强自身理解力，从而促进独立学习。当然，这些问题可能是与课堂需要掌握的知识相关，更应该是与学生实现自身的短期与长期目标有关。立人课堂强调学习后的个人反思，鼓励学习者批判性地分析自己的假设以及这可能如何影响他们的学习。

（4）计划和自我监控。学生学会学习计划与个人目标计划的制订，同时通过让学生分解计划，帮助学生在分解计划中进行自我监控，在实践过程中不断对计划进行调整，这种方法是培训元认知策略的重要步骤之一。

（5）与团队一起解决问题。立人课堂要求每节课都有小组合作探究的环节，通过与小组团队成员或全班同学一起讨论可能的学习方法，并且在讨论过程中相互学习，教师适当地提供自身的经验，帮助学生学习元认知策略，通过在师生、生生等合作过程中解决问题从而增强元认知策略。

（6）自我评价。立人课堂在训练学生的自我评价部分，主要通过研磨案中每节课老师提供的课前预习后的自我测评与课堂学习后的自我测评的对比，帮助学生进行课堂的自我评价。同时期中与期末要求学生写一份定性的元认知自我评价反思，帮助学生更加注重总结自身的问题，有效调整自身的知识策略与自身的认知策略，从而监督和控制学习，达成自身元认知策略的提高。

元认知作为一项终身学习的有效技能，能够使学习者意识到自己的学习方式，并评估和调整这些技能，从而在学习中变得越来越有效。立人课堂为学生提供元认知策略，不仅仅是为了提升学生的成绩，提升课堂的效率，促进学生自主学习，鼓励学生参与具有挑战性的学习经历，更是希望给学生提供一份终身学习永久存在的礼物。

三、立人课堂是发展学生合作探究的课堂

传统课堂忽视学生与学生之间的相互作用，学生与学生之间的关系是

缺乏互动与交往的。同时，由于高中应试教育的负面影响，传统教学又不恰当地强化学生之间的学习竞争，使学习活动充满排他性，彼此缺乏合作与互助。很明显，这样的学习组织形式已经不再适应当前社会。

合作学习是目前世界上许多国家普遍采用的一种富有创意的教学理论与方法，由于实效显著，被人们誉为近几十年来最重要和最成功的教学改革。2001年，国务院颁发的《关于基础教育改革与发展的决定》中强调："鼓励合作学习，促进学生之间的相互交流、共同发展，促进师生教学相长。"同年，教育部颁发《基础教育课程改革纲要（试行）》，要求"改变课程实施过于强调接受学习、死记硬背、机械训练的现状，倡导学生主动参与、乐于探究、勤于动手，培养学生收集和处理信息的能力、获取新知识的能力、分析和解决问题的能力，以及交流与合作的能力"。

立人课堂当中的小组合作趋向于教育学者王红宇给的合作学习定义："所谓合作学习，就是指课堂教学以小组学习为主要组织形式，根据一定的合作性程序和方法促使学生在异质小组中共同学习，从而利用合作性人际交往促成学生认知、情感的教学策略体系。"

王坦曾经谈道："合作学习认为，生生互动是教学系统中尚待进一步开发的宝贵的人力资源，是教学活动成功的不可缺少的重要因素。"合作学习主要有小组合作学习（对学、组学）和全班合作学习（群学）两种形式。大量教育实践证明，为了实现共同的目标而相互合作的学习方式，相比个体独自学习的方式，能取得更高的成绩和更好的效果。

立人课堂充分利用了合作学习的教学组织策略。通过课前完成研磨学案当中的基础知识梳理，让每个学生对教材的知识有一定的认识和理解，有了交流与互动的前提和基础。同时在研磨学案第三个部分就有针对教材的难点提出的小组讨论的问题，通过课前让学生充分了解教材及小组讨论的重点内容，在课中让学生有充分展示和发挥的空间与时间，同时在课后有针对小组合作对自我表现的评价量表，及时帮助学生进行自我的反思。这样充分发挥了学生互学的优势："其一，学生是学习活动的主动参与者。学生相互教学使每一个学生都能深入学习过程，激发学生的学习欲望。其二，教学的针对性强。一些学生针对不会的问题发问，另一些学生针对提出的问题解答，是一对一的个别化教学，教与学的效率都很高。其三，学生的思维被激活。在课堂上学生的地位是平等的，这有助于形成争论的氛围，学生的思维在辩论中被激活，学生对问题的理解更深入。其四，能够减少学业水平的分化。在学生相互教学中，'潜能生'的问题得到及时解决，不会因为知识链上的漏洞而影响下一阶段的学习。这种学习方式有利于大面积提高学业成绩。"在实践过程当中，合作学习过程对培养学生的归属感、感恩心以及发展学生的团队精神和利他性品质都具有不可替代的作用。在立人课堂教学过程中，小组合作学习不仅在课堂上发挥着重要的作用，同时在班级管理、德育教育等方面都有着重要的位置。教学与德育的相互统一与相互促进，更加充分体现了立人课堂以"立德树人"为根本目标，对学生的终身发展负责。

四、立人课堂是信息技术赋能的课堂

当人类已经进入第四次工业革命时代，信息爆炸、大裂变式的脑力增长正以全新的、强有力的方式，挑战和重塑着我们的社会，改变着人们的生活方式、思维方式与行为习惯。教育部关于《教育信息化2.0行动计划》深入推进的实践证明，教育信息化是顺应智能环境下教育发展的必然选择，是加快实现教育现代化的有效途径，以教育信息化支撑引领教育现代化，是新时代我国教育改革发展的战略选择；教育信息化背景下，融合技术的学科教学知识将成为必然趋势，教师的信息技术应用能力决定了教育信息化推进效果；探索提高教师信息技术应用能力，促进教师专业发展，是一线学校面临的新挑战。

2020年，东莞市第八高级中学通过竞争性评审成为东莞市高中唯一一所广东省教师信息技术应用能力提升工程2.0试点校。立人课堂将信息技术与学科教学有效结合的方式主要有以下三点。

（一）信息技术支持下，教师精准化与个性化进行教学备课

信息技术支持下构建智慧教学体系与信息技术支持下多种技术平台应用实现教与学的精准无缝衔接。

东莞市第八高级中学将智学网、个性化学习手册等智慧教育产品和学校的师生教育场景进行深度融合，从阅卷系统到自适应作业、个性化学习手

册，东莞市第八高级中学选择了智慧教育产品和服务。引入信息技术后老师们的时间得以从重复大量的批改作业、试卷，错题统计中释放出来，投入到每个学生的因材施教方案中去。如今，已经建立起覆盖"教、学、考、评、管"全场景的智慧教学体系，为每个学生的个性化发展保驾护航。

技术平台的引入为老师准备了多维度的报表，老师在自己的智慧课堂平台上查看班级知识点的整体掌握情况，制订和调整班级学习计划，详细的数据分析让老师制订的教学、巩固、复习计划更符合不同班级的实际情况。通过阅卷系统自动生成整体成绩概况，技术平台提供的资源分析报告着重关注学生知识点掌握数据分析，为教师下一步的教学策略提供客观数据支撑；从技术平台的作业分析报告能随时关注学生学习过程的态度、方法、能力结构，到试题分析报告对知识点的掌握能力分析判断更准确；从学情发现报告了解学生每次复习测试进退步情况，到知识图谱报告精准了解学生知识点掌握情况，做到针对性辅导。正是由于这种"以学生为中心"的用户思维，才使得其在教学的探索中完成了将注意力从"教法"转向"学法"的转变，最大程度调动了每个学生与生俱来的能力，因材施教。

（二）全学科开展基于信息技术赋能的立人课堂展示课

为了鼓励和促进我校教师使用技术解决教学问题，我校要求全学科开展了一系列的基于信息技术赋能的立人课堂展示课，共计面向全校开设了23节不同学科、不同课型的研讨课。课堂评价是促进课堂教学不断优化的重要环节，因此我校开发了教学教研评价分析系统，要求所有参与听课的老师通过技术平台提供听课反馈，技术平台将所有数据转化成曲线图，清楚呈现参与听课的教师对研讨课授课教师教学前、教学中、教学后三环节各评估要素指标情况，形成教研活动重要的研讨焦点。借助技术平台不记名的教学反馈，有效消除评课教师不好意思提供课堂真实反馈的心理，革除传统教研活动中的经验主义、形式主义的流弊。此外，技术平台可以对同一时段各学科研讨课评课情况进行汇总，授课教师通过对比不同教师的数据，寻找自身教学的问题，平台还可以记录教师不同时期的成长轨迹，也可通过听课教师对自己评价的前后数据对比进行教学优化，借助信息技术平台，实现追踪教师使用技术解决教学问题能力，加速教师信息技术应用能力专业发展。

（三）教师运用技术开展学科融合创新教学，提升综合能力

借助信息化平台，实现"选修+必修"模式，推进立人校本课程。借助技术平台，实现信息化管理，促进常规立人校本课程有序实施。基于技术手段，开发丰富的拓展型多学科融合课程。在教育信息化建设的影响下，东莞市第八高级中学各学科教师充分利用技术手段，开展了多学科融合创新课程的开发与实践，累计开发35门信息技术赋能的拓展型立人校本课程，以"驾驭未来——未来工程师"课程开发为例，以STEM教育理念为指导，基于项目式学习和小组合作的学习方式，融合通用技术、信息技术、物理、数学、艺术、政治等多学科知识。围绕主题，各小组经历"明确设计任务—制定设计方案—制作模型—测试评估与优化—成果展示"五大环节，利用不同学科知识整合解决项目问题。

总之，立人课堂在信息技术与学科课堂教学融合创新的基础上，重新对教学目标确定、教学方式选择、教学评价实施等方面进行进一步的研究实践，以帮助学生更好地发展学习能力、问题意识及核心素养等。同时进行了课堂教学方式的革新，实现优质教学资源共享，以和谐共生的师生关系、高质轻负的教学方式、智慧生成的教学过程，让教师与学生更快发展，真正实现对学生的终身发展负责。

参考文献

［1］郭元祥，伍远岳.学习的实践属性及其意义向度［J］.教育研究，2016（2）.

［2］国务院关于基础教育改革与发展的决定［M］//袁振国.中国教育政策评论.北京：教育科学出版社，2001：380-393.

［3］伍新春，管琳.合作学习与课堂教学［M］.北京：人民教育出版社，2010.

［4］王坦.论合作学习的基本理念［J］.教育研究，2002（2）.

［5］刘永春.名校课堂教学的对比分析与启示［J］.当代教育科学，2010（16）.

第
二
章

立人课堂的理论基础

　　在探索的过程中，首先充分发挥专家引领的作用。东莞市第八高级中学引入华南师范大学专家团队开展U–S合作，进行大量的基层调研，依据当前国家的教育改革大方向，我们系统梳理了契合学校实际的"四大学习理论""三大教学理论"作为学校课改的理论"基石"。

第一节　立人课堂的学习理论

学习理论简称"学习论"，是说明人和动物学习的性质、过程和影响学习的因素的各种学说。从20世纪20年代到70年代，心理学家从不同的观点，采用不同的方法，根据不同的实验资料，提出了许多学习的理论，如行为主义理论、认知主义理论、建构主义理论、掌握学习理论等。

一、行为主义理论

行为主义理论是由美国心理学家华生在巴甫洛夫条件反射学说的基础上创立的心理学理论。随后，桑代克、赫尔、巴甫洛夫、斯金纳等人将其理论的发展推至巅峰。华生开创的行为主义摒弃了以内省法研究主观的意识，他主张将行为作为研究对象，"刺激—反应"作为行为的基本单位，注重环境对行为的影响，研究刺激与反应之间的联系规律，达到预测和控制人的行为的目的。到了20世纪30年代，部分学者认为旧行为主义由于忽视人内部过程的研究，将复杂的心理活动简单化。他们认为在个体所受刺激与行为反应之间存在中间变量，即研究个体的心理和生理需求，他们不断吸收其他学派的理论，坚持行为主义的研究精神即依旧把行为作为基本的研究对象，如斯金纳，他设计斯金纳箱，着重对行为进行实验分析后提出操作性条件反射这一概念。他认为人类行为主要是由操作性条件反射构成的操作性行为，操作性行为是作用于环境而产生结果的行为。学习的本质不是刺激的替代，而是反应的改变，人的一切行为几乎都是操作性强化的结果。班杜拉指出无论是华生的经典条件反射原则还是斯金纳的操作性条件反射，都无法解释人类的观察学习现象。他开展了一系列的研究，在科学的实验基础上提出了观察学习这一概念。在观察学习中，学习者能通过观察他人的行为得到某种认知表象，无须亲身体验强化就可以完成学习。他根据观察者观察学习的不同水平，把观察学习划分为三种类型。第一种，直接的观察学习，即学习者对示范行为简单的模仿；第二种，抽象性的观察学习，学习者从示范者的行为中获得一定的行为规则或原理；第三种，创造性的观察学习，学习者从不同示范行为中抽取不同的行为特点，并形成一种新的行为方式。这意味着在教学过程中，通过教师及优秀生的示范作用，可以减少不必要的错误尝试，提升学习效率。

二、认知主义理论

认知主义学习理论起源于行为主义学习理论。认知主义学习理论学者托尔曼认为学习是一个比S-R联结要复杂得多的过程，主张将S-R公式改为S-O-R公式，其中O代表个体的内部变化。他认为一切学习都是有目的的获得，为达到学习的目的，必须对学习条件进行认知。外在的强化（如奖惩）并不是学习产生的必要因素，没有强化也会出现学习，学习的结果在于内部认知的变化，是通过构建认知地图来实现的。瑞士的皮亚杰认为认知地图体现了认知结构原理，并进一步阐述认知结构。认知结构是学习者全部观念或某一知识领域内观念的内容和组织。学习是将新材料（经验）和旧材料（经验）结合为一体，形成一个内部的知识机构，即认知结构。可以用图式、同化、顺应和平衡的形式来表现认知结构。个体的认知结构就是在同化和顺应的过程中不断丰富、提高、发展，达到平衡，又在认知冲突中突破平衡，不断深化理解的。个体在不同的发展阶段，认知结构的掌握程度不同，是在不断发展的，这体现了认知发展原则。

认知主义的代表性人物布卢姆，他提出的认知发展理论认为，学习是一个认知过程，是学习者主动地形成认知结构的过程。他强调发现学习的重要性，学生是一个积极的探究者，能主动将旧知识进行分类、重组、抽象编码，重新构建新知识结构，并在新的情境中迁移和应用新知识结构，进一步理解学科知识。奥苏贝尔认为有意义的学习必须以学习者原有的认知结构为基础。他提出了先行组织者教学策略，即在向学生传授新知识之前，给学生

理

论

篇

呈现一个短暂的具有概括性和引导性的说明。立人课堂的导学案中课前预习案就是引用了此观点，仔细考虑学生的学情，依据教学内容，有序组织最有用的材料，帮助学生更有效地联系原有知识与学习内容，为新知识的构建搭建脚手架。他认为学习是通过接受而发生的，由教师筛选、组织有意义的材料，进行讲解，讲解得法，学生也就做到了有意义的学习。有些教学改革过分强调学生的中心作用，而忽略教师这个主体，依据以上原理，立人课堂构建模式采用的双中心模式，在教学过程中，设置教学精讲这一必备环节，凸显了教师这一中心。教师的精讲重点帮助学生理解本节课重难点知识，帮助学生理解这是为什么、为什么这样做，并做到有意义的学习。对于简单知识，教师可先行采用组织者教学策略提供相关素材，学生通过自学或者小组合作方式解决。

三、建构主义理论

建构主义是学习理论由行为主义发展到认知以后的进一步发展。建构主义学习理论是从什么是学习和如何进行学习两个方面进行阐述的。建构主义认为，知识不是通过教师传授得到的，而是学习者在一定的情境下，借助外界帮助，利用学习资料进行意义建构而获得的。意义建构是整个学习过程的最终目标。建构主义，是以学习者为中心的原则，强调学习者这一学习主体，教师不是知识的传授者与灌输者，而是意义建构的帮助者、促进者。依据奥苏贝尔和建构主义的观点，立人课堂模式是以教师和学生双中心驱动教学的开展，促进双方的共同成长。建构主义已经开发出较成熟的教学模式，如支架式教学、抛锚式教学、随机进入教学等。无论哪一种教学模式，都遵循以下原则：第一，强调以学生为中心，在学习过程中充分发挥学生的主动性。第二，强调情境对意义建构的重要作用，学科知识的原理、规律都是不变的，在实际情境下学习，能够激发学习者的学习动机，更好利用自己原有知识认知结构去同化和顺应，构建新知识体系。第三，强调学习群体对意义建构的关键作用，通过小组合作方式构建学习者群体，共享集体的智慧与思维，学习别人的优点，改善自己的缺点，实现共同进步。

四、掌握学习理论

掌握学习理论产生于20世纪60年代末，主要代表人物是美国的著名教育家布卢姆。布卢姆认为无论教学改革还是考试改革，最重要的是确定教学目标。在教学过程中，只要提供恰当的材料，给学生充分的学习时间和恰当的帮助，几乎所有的学生都能达到掌握规定的目标。诊断性评价、形成性评价、终结性评价等可以全面、最大限度地激发每个学生的潜力，帮助学生掌握学习，最终达到目标。布卢姆"教育目标分类学"是历史上第一部系统的教育目标分类学。2001年，洛林·W. 安德森（Lorin W.Anderson）及其团队对布卢姆"教育目标分类学"进行修订并出版。修订版的核心思想是运用分类表，从知识维度与认知过程维度相结合的角度来分析教学目标（学习结果）、教学活动（含学生的课堂作业、师生互动等）、教学评价以及三者之间的一致性。分类表的二维框架包括知识维度和认知过程维度，知识维度包括四大主类：事实性知识、概念性知识、程序性知识、元认知知识；认知过程维度包括六大主类：记忆/回忆、理解、应用、分析、评价和创造。得到掌握学习理论的启发，立人课堂的教学设计引入教育目标分类学，教师在应用分类表进行知识分类时，会思考什么知识才是最值得学生去学习及掌握的、如何准确划分知识维度、怎样确定元认知知识的内容等问题；审视制定的教学目标是否全面、合理，表述是否准确。在教学过程中或教学结束后运用分类表进行教学效果的检验，有效减少在教学过程中出现的误差，提高教学效率。

上述四个学习理论是不断更新迭代的过程，每个理论都有其值得借鉴的地方。立人课堂模式吸取其中的精华部分进行构建。立人课堂采用的是教师及学生双中心驱动模式，促进师生共同成长。立人课堂的导学案中课前预习案内容组织，借鉴认知主义学习理论的"先行组织者教学策略"观点，仔细考虑学生的学情，依据教学内容，有序组织最有用的材料，帮助学生更有效地联系原有知识与学习内容，为新知识的构建搭建脚手架。有些教学改革只强调学生的这一中心作用，而忽略教师这个主体。受奥苏贝尔提倡的讲解教学启发，在教学过程中，设置教学精讲这一必备环节，凸显教师这一中心，确立教师的主体地位。在实际教学中，教师的主体地位会根据实际情况进行替换。教师精讲环节中，教师帮助学生理解本节课重难点知识，帮助理解这是为什么、为什么这样做，并做到有意义的学习，教师主体作用异常明显。对于简单知识，教师可采用组织者教学策略提供相关素材，学生通过自学或者小组合作方式解决。此时教师更多体现的是辅助者、引导者的角色。

第二节　立人课堂的教学理论

从教学经验总结到教学思想成熟，最后到教学理论的形成，经历了漫长的历史阶段，才形成教学理论。教学理论发展过程中，出现很多不同的理论流派。有行为主义教学理论、认知教学理论、掌握教学理论等。立人课堂在启动阶段，系统地回顾和分析以往的教学理论，找到这三大理论（发展性教学理论、结构主义教学理论、TPACK教学理论）作为教学探索的理论支撑。

一、发展性教学理论

发展性教学理论是20世纪六七十年代产生于苏联的一种教学理论。20世纪50年代中期开始，苏联教育科学院对教育科学发展状况和科研工作问题进行总结，提出了"教育学中无儿童"是苏联教育学的主要缺点之一。为了克服这个缺点，1956年，苏联教学理论界针对学校教育只重视儿童掌握现成的知识和概念，忽视学生的发展这一现象，展开以"教学与发展"为主题的大讨论，研究者们对有关发展性教学的问题各抒己见。赞科夫提出的发展性教学理论就是在这种历史背景下产生的。他提出教学要为学生的一般发展取得最大效果的思想是建立新体系的基础，要使教学和教育的过程对于学生的一般发展具有最大成效。赞科夫把这种着眼于学生一般发展的教学理论新体系称为发展性教学理论。他主张按照观察力、思维能力和实际操作能力研究儿童的发展，强调教学要着眼于学生一般的发展，让学生在发展的基础上掌握知识、能力和技能，强调了研究学生的兴趣、动力等内部诱因的必要性，深刻地揭示了发展的内因和外因之间的辩证关系，认为教学的重要任务之一是尽最大可能创造有利的条件，满足学生对知识的各种需要。

赞科夫最主要的核心思想是以最好的教学效果来达到学生最理想的发展水平。为体现这一思想，他提出指导学科教学工作的五条教学原则：第一，以高难度进行教学的原则。合适的教学难度，能够激发学生对学习的求知欲望及学习动力，教师需要引导学生克服障碍，帮助学生获得学习的成功喜悦和收获知识的满足感。第二，以高速度进行教学的原则。为了避免重复讲授、枯燥的练习阻碍学生的发展，教师要根据学情，把握教学的广度、深度、进度。第三，理论知识起主导作用的原则。他认为传统教学片面地强调了感性认识，理论学习能提升抽象、概括等思维能力，教师要引导学生理解事物之间的逻辑关系，将知识结构化、系统化，从而把握学科的一般规律或者原则，实现知识迁移，提升学生思维的积极性。第四，使学生理解学习过程的原则。"授人以鱼，不如授人以渔"，学生不仅要掌握知识本身，更重要的是理解如何获得知识，如何利用现有的知识水平，运用学科的方法去寻找掌握知识的途径，反思自身的学习方法及错误观点，学会如何学习。第五，使每一个学生都得到发展的原则。每个班集体的学生都会存在差异，可分为好、中、差三种类型。其中"差生"发展的水平较低，包括知识水平、学习动力、自信心等，如果采用与其他学生一样的教学方式进行教学，"差生"不仅没有获得提升，反而会打击其学习兴趣及自信心。教师在教学中，要采用多种手段和方法，面向全体学生，特别注意不能忽视"差生"的发展。

二、结构主义教学理论

布鲁纳是结构主义教学理论主要代表人物之一。他的教学理论继承和发展了皮亚杰"结构主义学派"的基本观点。布鲁纳针对学（教）什么、什么时候学（教）、怎么学（教）等问题，做出了使人比较满意的回答，提出了基础学科早期学习、掌握学科的基本结构、广泛应用发现法等主张，形成了结构主义教学理论的基本观点。

（一）教学的主要目的是发展学生的智力

教育除了要培养成绩优异的学生，还要帮助每个学生获得最好的智力发展。如培养学生的操作技能、观察技能、想象技能以及符号运算技能等。具体的教学策略如下。

（1）培养学生运用心智，提高解决问题能力的信心。

（2）引导和鼓励学生发现自己猜想的价值和可修正性，以实现试图得出假设的激活效应。

（3）培养学生"经济地运用心智"。

（4）培养学生的自我促进。

（5）培养理智的诚实。

（二）四条教学原则

第一，动机原则。动机是推动学习的动力，学习是受一定的动机支配的。动机又分为外在动机和内在动机，外在动机的作用短暂，内在动机才能长期发挥作用。求知欲、胜任感、互助欲是三种基本的内在动机，儿童对学习都具有三种内在动机，问题在于教师如何通过设计教学活动，激发并维持内在动机，从而促进儿童智力的发展。

第二，结构原则。布鲁纳认为知识组织起来的最理想的方式是建立知识结构（学科基本结构），理想的知识结构又与师生和双方的教与学水平有关，教学中最佳的知识结构取决于学习者的学习有效性和经济性。所以在教学中要选择适当的知识结构及适合于学生认知结构的方式才能促进学习。教师在教学设计中，不仅要认识教学内容与学生已有知识之间的关系，还需要随时调整知识结构与学生的认知结构的匹配程度。

第三，程序原则。每一种教材在设计时都有其内在的逻辑关系，即要按最佳顺序呈现教学内容，学生的智力发展也遵循一定的序列。教学程序是受到多种因素影响的，如学生的发展水平、动机状态、知识背景等。因此，教学应在处理好教学内容与学习发展的关系基础上，确定教学内容的范围、难易程度。如果发现教学效果不理想，教师就需要随时准备修正或改变教学序列。

第四，强化原则。布鲁纳认为，教师授课过程中，需要仔细观察课堂中学生的不同反应，并将学生的学习结果反馈给学生，以便学生能及时掌握自己的学习结果即知识的掌握程度及成效如何。但需要注意的是，避免学生过于依赖教师的指点，教师不应提供太多的强化。另外，要逐渐从强调外部奖励转向内部奖励。

（三）学科知识结构

布鲁纳在《教育过程》一书中写道："不论我们选教什么学科，务必使学生理解学科的基本结构。"他认为现代科学技术高速发展，学生在校学习的时间有限，而知识在成倍增加及不断改变。每个学科都有固定不变的模式，只有把学科的基本结构作为教材和教学的中心，才能解决在有限时间内掌握最核心的、最有价值的知识，才能更好地解决知识迅猛倍增的问题。他认为学习基本结构有四个好处：第一，理解这门学科本质。因为每门学科都有其基本结构或逻辑组织，懂得基本结构可以使学科更容易理解。第二，促进知识技能的迁移。因为学生了解了基本概念和基本原理，有助于学生将学习内容迁移到不同情景解决问题。第三，有利于识记。帮助学生记忆具体细节的知识，因为把教材组织成结构的形式，能帮助学生理解知识之间的逻辑关系，形成有意义的识记。第四，可以沟通初级知识与高级知识，因为对结构的合理陈述和给予学生适当的学习经验，即便是年幼儿童也能学习高级的知识。

（四）发现教学方法

学生不是被动的知识接受者，而是积极的信息加工者。布鲁纳极力倡导使用发现法，强调学习过程、直觉思维、内在动机、信息提取；强调教师的角色在于创设可让学生自己学习的环境，让学生自己去顿悟基本结构，而不是提供预先准备全的知识。

立人课堂教学吸收结构主义教学理论，依据四大原则进行教学设计，根据教学内容创设教学情境，提高学生学习兴趣，选择思维导图工具引导学生构建学科知识结构，厘清学科知识之间的逻辑关系，激发学生的学习动机，逐步形成主动学习的好习惯。

三、TPACK教学理论

TPACK是Technological Pedagogical Content Knowledge的缩写，即整合技术的学科教学知识，是美国学者Koehler和Mishra于2005年在舒尔曼提出的学科教学知识PCK的基础上提出的。国内外学者对TPACK进行大量的理论和实践研究，随着研究的开展，TPACK的内涵和外延也在不断地深化和拓展。TPACK框架有三个主要组成部分，即学科内容知识（CK）、教学法知识（PK）和技术知识（TK）；同时它们交叉融合形成了四个复合要素，即学科教学知识（PCK）、整合技术的学科内容知识（TCK）、整合技术的教学法知识（TPK）、整合技术的学科教学知识（TPACK）。这些知识分类是相互叠加、融合的，并非孤立存在的。

整合技术的学科教学知识（TPACK）超越三个核心组成部分，是在内容、教育学和技术知识相互融合的基础上产生的一种全新知识形式。教师是教学改革的积极参与者，TPACK中的三个核心元素与四个复合要素，突破了某一元素的孤立性给教学带来的局限。信息时代已经来临，国内外的学者通过研究TPACK，认为它有利于提高教师掌握和运用信息技术的能力。TPACK能力将是未来教师的必备能力。因此立人课堂是在TPACK理论指导下，利用学校现有的基础设施与技术环境，采用适宜的技术及网络资源，尝试整合学科教学知识进行教学。

分析以上三大教学理论，提炼相关的内容，从教学目标的制定、教学内容、教学过程、教学方法、教学评价等方面指导立人课堂的教学改革。理想的教学要面向所有学生，不能只关注部分群体。在目前的学校教学分班中，自然会有好、中、差三个层次的学生，如何帮助学生在自己所在层次水平下进行提升，这是立人课堂总体的教学目标。为此，在立人课堂教学设计中每一个环节教学都尽可能地满足学生全面发展的需求。立人课堂采用小组合作的方式，让每一位成员参与，承担不同的任务，教师采用轮流制度在提问，每一位学生都有展示的机会。小组合作中每一位学生都是小组的主人，只是每一次的任务分工不一样，课堂、课后讨论合作，同学之间互帮互助共同提升。教师关注的不仅仅是个别学生，而是小组的整体的情况，引导及鼓励组长充分发挥组员的特质，带动组员共同成长。在教学过程中如何选择合适的教学内容，找到知识之间的逻辑关系，进行知识融合与技术融合；不同知识点采用哪种教学方式、怎么样处理元认知的评价方式才能更好激发学生学习的动力，提升学生学习的积极性。以上这些困惑，布鲁纳的结构主义教学原则、TPACK理论等在构建立人课堂的模式中指明方向。在这个构建立人课堂模式过程中，为了实现促进学生全面发展的目标，教师与学生相互影响，相互促进，共同成长。

第
三
章

立人课堂教学范式的模型构建

　　"立人课堂"教学范式是通过全员、全学科、常态化等路径开展的生态型课堂教学改革成果。在范式理念方面,对标新课程理念开展教学范式创新;在教育方法方面,创新开发基于"思维外化"与"学习工具包"的学法策略,遵循学生身心发展与认知规律,实现低负高效优质;在教、学评价方面,创建关注师生课堂关键行为的观察、开发多发展评价量表、方式立体多元智慧的评价体系。

第一节　双轮驱动教学策略

　　课堂的核心要素包括教师和学生。其一，课堂因教师和学生的存在而存在。二者缺任何一个，课堂都不能称之为课堂。其二，教师的"教"与学生的"学"是课堂永恒的主题。"教"与"学"相辅相成，互利共生。教师"教"的效果和学生"学"的质量是评价课堂教学成败的重要标准。其三，课堂是教师与学生两个生命主体的价值实现空间。教师以教学为本职，课堂教学的过程、质量及其情感体验，既是其专业水平和职业价值的彰显，又是其幸福感的重要来源。学生学的过程是其生命成长、个性发展的重要来源。因此，教师和学生共同组成了课堂学习的共同体。教师和学生在课堂这个特定的时间和空间中，运用课堂内提供的教学媒体和工具，共同促成知识的生成。教师采用更多的教学策略与方法，学生通过课堂这一生态环境进行知识的构建与生成。师生都在学习过程中，交流和分享各种资源和信息，共同完成学习任务，彼此实现自己的价值。师生是合作共生的关系。在课堂上，师生处于平等、合作、交流的关系，从而激活师生的内驱动力，最终实现课堂生态的良性循环。

理

论

篇

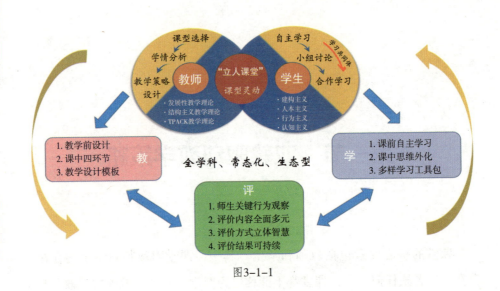

图3-1-1

　　立人课堂提出了以师生为主体，双轮驱动师生内生动力的教学策略。双驱动教学方式是为全学科、常态化开展教学设计：按照高中学科教学的基本模式，契合学科不同学情、不同课型教学需求，教师采用不同的教学策略，学生在自主学习与合作学习过程之中需要寻找不同的衔接点，搭建以教师与学生为主体的课堂组织形式，宜师宜生，尊重教无定法的同时强调效率、灵动。避免传统课改"一刀切"影响师生积极性。

　　在多年的实践教学中，面对不同的学科、不同的课型，需要采用的教学方法是有差异的，甚至由于不同班级的状况，教师也需要变换教学方法。正如著名教育家叶圣陶说过："教学有法，教无定法，贵在得法。"所谓"有法"，是指不同学科的教学有一定规律可循。当前，强调学生的间接知识与直接经验相结合、传授知识与教授方法需要相统一、个人思考与小组合作需要相统一等，这些都是教学中要注重的基本方法和规律。所谓"无定法"，是指在具体的教学中并不存在"放之四海而皆准"的固定不变的万能方法，一切都因学生、因教材、因情境而定。所以，最终还得是"贵在得法"。良好的教学方法可以发挥教学智慧，不妥的方法可能达不到预期的教学效果。然而，教学又无定法，教学方法必须机动灵活。

　　因此，立人课堂既对教师的教学与学生的学习形式有基本的规范，却又不局限于教学在具体课型中，对课堂有不同的教学方法。当前很多课堂模式都有固定的模式要求，比如洋思模式要求每节课45分钟，"先学"和"后教"控制在30分钟以内，其中教师单向教授的时间控制在15分钟以内，而"当堂训练"不少于15分钟。昌乐二中模式形成了"271高效课堂教学模式"，指的是课堂时间的20%留给学生自学，70%用于讨论学习，10%由教师讲授，也就是把课堂45分钟分解为"10+30+5"，分别对应于预习、互动、测评。将课堂时间具体固定，课堂操作过于程序化，要求所有学生与教师步调一致地在课堂上完成课堂任务，很明显不利于因势利导，没有考虑到不同学科、不同课型、不同学生的情况。

立人课堂更多强调的是课堂的基本环节，包括教师在备课过程中需要考虑到的必要因素与学生参与的形式，同时加强学法的指导，真正做到以学生为中心，体现教师在课堂教学中的主导作用。

图3-1-2

当前立人课堂在进行专题化研究，立人课堂专题化主要是对"立人课堂"教学模式中必备环节专人专题进行研究，成立研究小组，根据不同的专题进行深度研究。同时不同学科根据本学科的特点，进行不同课型细化研究。在"立人课堂"教学模式这一共性的指导下，各学科有其个性化的发展。下面展示的是东莞市第八高级中学罗厚付老师总结的"'立人课堂'教学模式在地理新授课中的实施策略"。

"立人课堂"教学模式在地理新授课中的实施策略

—— 以《大气的组成与垂直分层》为例

一、地理学科"立人课堂"实施策略

"立人课堂"教学模式主要是根据布卢姆教育目标分类法，培养学生

"5C"核心素养（即文化理解与传承、合作、沟通、审辩思维、创新）为主要目标，以学习共同体为形式，强调提升学生思维能力的一种教学方式。

如何在地理课堂中开展"立人课堂"教学呢？我教研组在不断摸索、实践的基础上，提炼出了地理学科新授课课型"立人课堂"实施策略。（见图3-1-3）。

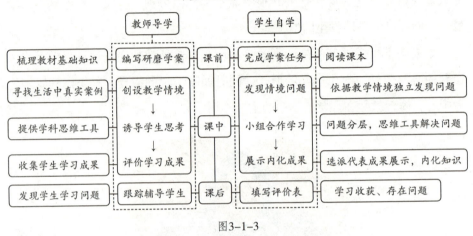

图3-1-3

该实施策略主要包括教师导学和学生自学两部分。

教师导学：课前，教师在梳理教材基础知识和基本原理的基础上编写"研磨学案"，以问题的形式呈现给学生；课中，教师积极寻找生活中与教学相联系的真实案例创设教学情境，引导学生产生问题并提供思维工具诱导学生解决问题，学生在完成任务和展示完学习成果后，教师对学生学习成果做出客观评价，做得好的地方给予表扬，不足之处要求学生修正，如有必要可要求学生进行二次探究；课后，教师通过批阅学生自我评价表发现学生学习过程中还存在的问题，及时做好跟踪辅导。

学生自学：课前，学生阅读课本完成"研磨学案"，为课堂学习做好基础知识储备；课中，依据教师创设的学习情境自主发现问题，依照小组成员个人能力、兴趣爱好选择承担的问题任务并依据老师提供的思维工具开展小组合作学习，完成任务后派代表展示小组学习成果，在师生评价完后利用"留白"时间内化知识；课后，填写学习评价表，把本节课的收获以及还存在的困惑写下来交给老师。

二、地理学科"立人课堂"实施过程

《大气的组成与垂直分层》来自高中地理中图版必修一第二章第二节，主要学习大气的组成与垂直分层与人类活动之间相互关系的相关知识。下文将以本节知识为例，呈现在地理新授课教学中开展"立人课堂"的实践过程。

（一）梳理教材知识，编写"研磨学案"

教师编写研磨学案是开展"立人课堂"教学模式的前提条件。课前教师根据课程标准，把主要知识点以问题的形式呈现给学生。

（二）创设教学情境，发现情境问题

教师创设情境，学生发现问题是"立人课堂"教学的核心环节和灵魂。在该教学实施过程中坚持两个"必须"的原则：①所有的教学情境都必须来自现实生活。②所有的问题都必须来自学生对真实情境的观察、体验和感悟。

创设情境：教师在课前积极寻找与本节课内容相联系的教学情境。选取的情境并不是简单地用于导入新课或者激发学生学习的兴趣，更重要的是教师整个教学活动将围绕一个或多个主题情境来开展并贯穿学生的整个学习过程。如在本节课上选取了如下两个情境。

情境1：1969年7月21日，美国人阿姆斯特朗乘坐阿波罗11号飞船到达月球，成为首位踏上月球的人类，如图3-1-4所示。

图3-1-4

这是一张真实的照片，阿姆斯特朗穿着厚厚的航天服站在荒凉、没有生命活动的月球上。该图片不但能够培养学生探究宇宙奥秘的兴趣，更重要的

理

论

篇

是月球表面自然特征的形成与大气的组成知识相关。学生对月球没有生命活动的探究过程即为大气的组成与人类活动联系的学习过程。

情境2：课上把根据真实故事改编的电影《中国机长》作为教学情境来突破大气垂直分层与人类活动的关系这一重难点知识。具体做法是把《中国机长》这部影片中飞机从起飞到迫降过程中与大气相关的精彩镜头剪辑成3分钟左右的视频。视频内容主要包括飞机飞行中可能遇到对流云层、飞机高空巡航时发生颠簸现象机长申请上升高度、飞机挡风玻璃发生爆裂后机长申请下降高度返航、飞机在穿过雷暴云过程中发生"失联"现象并最终穿过雷暴云迫降成功等镜头。在该视频中，飞机飞行过程发生的现象能够把大气垂直分层与人类活动的联系的知识串联起来，建立起生活与知识的联系。

发现问题：在传统教学中，问题都是教师设置好的，学生只能按照老师事先设置好的方式来学习。在"立人课堂"教学活动中，所有的问题都不是来自课本和老师，而是学生在对生活情境材料进行的观察、体验和感悟过程中自主发现的。如在情境2中，学生观看完视频后发现许多问题，包括：对流云是什么？如何形成的？飞机飞行过程中为什么会颠簸？机长申请上升高度飞行后颠簸为什么会消失？飞机挡风玻璃为什么会爆裂？雷暴云为什么会分裂？飞机为什么会失联？等等。之后教师要求各学习小组派代表在黑板上把问题写出来。学生提出的问题可能五花八门，许多问题与地理知识或本节课所学内容无关。教师要带领学生一起筛选学生提出的问题，对于一些与教学无关的问题及时抛弃。如上文提到的飞机挡风玻璃为什么会爆裂、雷暴云为什么会裂开等，前者是质量问题，后者是电影艺术效果的需要。

（三）诱导学生思考，小组合作探究

教师诱导学生运用地理思维工具，采用小组合作方式解决问题，是"立人课堂"教学的主要教学目标。

学生在发现问题任务之后，由于学生提出的问题较多，每个学习小组如果按照顺序逐一解决全部问题，显然时间不允许。各学习小组在小组长的带领下按照问题难易程度根据学生认知水平进行合理分工，两到三个同学为一个单位对问题形成分层次探究。此时教师要引导学生运用地理思维工具去解决问题，否则学生在整个解决问题的过程中将成为无头苍蝇，学习也就成为一句空话。如在解决情境2问题中，教师投影出学生课前绘制的大气分层图这一特有地理思维工具解决飞机飞行中的问题。各学习小组在一起协商、交流，小组成员共享思维成果，在相互争论和质疑中达成结论共识。

（四）展示、评价、内化学习成果

首先，各学习小组完成问题的探究后，派代表向全班同学展示小组学习成果或解决问题的办法，然后其他小组进行补充和完善。教师此时要对学生的学习成果进行评价，做得好的地方要及时给予肯定和表扬；不足之处或者产生新的问题要及时更正，如有需要可以让学生进行二次探究。

其次，教师评价结束后，要留出空白时间让学生进行成果内化。

（五）学生学习评价，教师跟踪辅导

在课后，学生填写学习评价表，把本节课的收获和还存在哪些问题写出来。教师依据学生评价表存在的问题进行跟踪，必要时进行一对一辅导。

理
论
篇

第二节　优化课堂全流程设计

著名教育学家、《国家中长期教育改革和发展规划纲要（2010—2020年）》的起草者之一袁振国教授认为教学的结构应该从被动转向主动，学校教育应该实行结构性变革。他在《学校教育需要进行一场结构性变革》中，指明了教学方式的转变是学校结构性变革的关键。他强调：

苏联的著名教育家凯洛夫的教育学提出了经典的五步教学法：准备上课、复习旧知、讲授新知、巩固新知、布置作业。教师是整个教学活动的主动者、主导者，学生是被动者、接受者。这种模式在中国至今仍处于支配地位。总之，一个观众通过观看演员的表演就能形成一个演员的才能、情感和自信吗？显然不能。学生从学习的跟班到学习的主人，核心是教学方式的转变。

自主学习。自学，带着问题学，按照自己的节奏和方式学，学得才会起劲，才会深度参与；参与越深，投入越多，冲突越多，学习就越深入、越深刻。这时，教师的作用非但不能削弱，还要符合规律地加强，设置合适的问题情境，激发学生的兴趣和智慧。

合作探究。一个苹果分给别人自己就没有了，一个思想分给别人就成了两个；两个人的思想相互碰撞，可能产生第三个、第四个思想，更重要的是，通过交流会激发思维更深刻、更清晰，同时学习可以获得社会性沟通与合作的品质。

自我展示。一个人理解一个知识和自己讲出来让别人理解这个知识是完全不同的境界。从心理学上说，一个是消极知识，即理解了的知识；一个是积极知识，即能够运用的知识。自我展示就是使消极的知识向积极的知识转化，并且能够增强表达能力和自信。

从袁振国教授的阐述中可以得出的结论是：新课程改革提倡自主、合作和探究。虽然教学方式的转变最明显是体现在课堂上，但教学方式的转变不仅仅是在课堂上，它应该是一个系统的工程。因此，立人课堂在教法指导上，优化教学全流程设计，课前设计完整、课中环节规范与课后反馈突出，同时通过教学设计规范化帮助教师高效开展教学活动。

一、优化教学全流程设计

为了更好地开展立人课堂，首先对教学流程进行了优化，分为教学前、教学中与教学后。在教学前，立人课堂侧重于学生学习动机激活、教学策略优先与课前研磨手册的运用，通过信息技术赋能，注重备课的完整性与预见性，备课的环节是教学的基础。在教学中强调四要素，即教师精讲留白、以思维工具为载体的学生个人内化、小组合作探究及强调师生互动。教学后除去教师自评、教学反思及学生对教师教学情况反馈，增加了学习动机发展环节，在学习前后元认知评价与练习检测、良性反馈等步骤增强学生学习动机。教学全流程的优化设计，是落实立人课堂教学理念的前提。

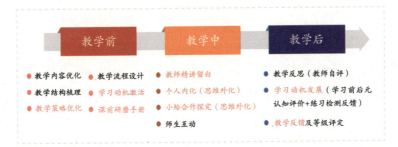

图3-2-1

（一）精准备课

教学前设计从教学内容优化、教学结构梳理、教学策略优化、教学流程设计、学习动机激活与课前研磨手册等六个方面进行梳理优化。同时要求教师通过信息化技术，进行精准学情分析，对学生进行个性化辅导，做好教学前的准备工作。

教师建构立人课堂的基础是全面深刻地解读教材内容和新课程标准，教师在教学设计时，必须结合课程标准认真研读教材中的知识内容与结构，梳理出知识主线。因此，教学前教师的充分备课是至关重要的。教师要如何将晦涩难懂的学科知识通过自己的教学手段，转化为学生容易理解掌握的表征形式？这需要教师在课前进行教学策略优化，教学策略直接决定了教学效果。同时要求教师进一步夯实心理学、教育学理论基础，并在课前充分了解学生现有的知识结构和心理特点，对学生进行共性分析与个性分析，其中共性分析主要是这个阶段学生的知识与心理特点，而个性分析侧重于班级个性、小组个性或特别人群个性，不需要每次每个层面都进行分析，但在上课前要充分考虑学生的个性特征，以便对他们学习新概念时可能会出现的困惑进行预测，选择适合学生认知规律、思维特点的教学策略突破教学难点。

教师在充分解析了课程内容和了解了学生学情后，需要制定合理的教学目标，包括知识目标和素养目标两个方面。另外，这个教学目标还要细化到阶段性目标，并据此安排阶段性教学任务。

（二）课堂四要素

"立人课堂"范式在课堂实施过程中，强调教师精讲留百、学生个人内化（借助思维工具独立梳理课堂知识的过程）、学生合作探究与师生互动反馈等四个要素。

1. 教师精讲留白

高中传统课堂当中，教师最喜欢做的是讲授知识达到事无巨细、全面覆盖。在教师心中，教师讲得越系统、越完整、越全面、越清楚、越详细，学生就会考得越好，分数就会越高。因此就会导致课堂上内容讲不完，教授时间怎么都嫌少，占用课外时间增多，上课讲、早读讲、晚修讲，教师时刻都在用尽全力讲授所有的内容给学生听。事实上，学习的主体是学生，教师讲得越多，学生思考得就越少；教师讲得越多，学生的依赖性就越强。很明显，教师精讲是必须的。精讲讲什么是关键。立人课堂要求教师精讲更多侧重学生学什么、为何学和如何学。简单来说，就是讲重点、难点、疑点，讲方法、技巧和策略，而方法、技巧则是通过给学生提供思维工具，帮助学生快速、有效地掌握学习。而留白的时间主要是希望学生通过教师提供的工具和方法，自己思考没有讲授的问题，这正如张学新教授所提到的精讲留白。但与对分课堂有所区别的是，立人课堂并不局限于讲授的时间，没有规定只能讲课堂一半的时间，而是要求教师根据不同的课型控制不同讲授的时间。同时要求课堂上具备四个必备要素，课堂不能只有教师的精讲留白，还需要有建立在思维外化基础上的学生个人内化、小组讨论与师生互动反馈。

2. 学生个人内化

内化是指将看、听、想等思维观点经过内证实践，所领悟出的具有客观价值的认知体系。而知识内化过程在课堂教学中运用，突出地体现在教师通过一定的教学策略与方法，对学习内容的结构、内涵与外延有充分的认识，转变成学生头脑中的内部知识的过程。科学研究表明，内化的知识便于提取和利用，具有较高的可利用性和迁移性。经过内化的知识体系，在被学生运用的过程中，其效果远远大于通过加强外部学习动机，让学生反复记忆零散、杂乱知识的结果。教学活动的关键在于如何让学生能够深入理解特定的学习内容，这才是衡量课堂教学有效性的重要标准。

立人课堂的个人内化过程，一般是在教师精讲或学生自学之后。同时是建立在思维外化的基础之上，通过学生自己阅读课本，根据教师提供的思维工具，重新自我构建知识体系的过程。现在很多课改的课堂往往是热闹的课堂，不是教师讲，就是小组讨论，但真正的知识是需要自己思考与整理的。学生需要时间能够自我构建知识框架，需要时间自己消化学习内容，需要思考教师精讲过后自己是否理解清楚知识点。在这里强调的是学生个人自我思考的时间与空间，但也不是任由学生天马行空地随意乱想或无所事事地发呆。教师需要提供思考的工具与策略，提供思考的关键问题，问题的设置需要有层次、有导向，能让所有的学生都有事做，不同的学生都有收获。

3. 学生合作探究

合作探究强调自主探究和合作学习，侧重于以学生个别化自主学习为主导，以小组合作式学习为补充，以教师导学为辅助。合作学习能体现学生学习的主体地位，调动学生的学习积极性，增强学生学习的自信心。同时也能提高学生的语言表达能力，提高学习效率，培养学生合作意识，学会团队合作。因此立人课堂将学生小组合作探究作为课堂四要素之一。

（1）小组建设指导

分组的目的就是建立一种学习组织，用组织承载自主、合作、探究的教学理念。小组学习的最大特点就是尊重差异，利用差异，缩小差距，实现"人人参与，个个投入；人人受益，个个进步"的课堂教学目标。因此，加强小组建设是我们的核心工作。

在小组组建上要做到以下几点。

① 科学分组。分组原则除了"组内异质，组间同质"外，最关键的是要做到小组内部"人人有事做，事事有人做，人人能做事，事事能做好"。根据东莞市第八高级中学实际情况，目前按照前后桌4人一组，在座位调换过程中，始终确保该4名同学属于前后桌关系（组内位置可以根据需要调整）。

② 选好组长。原则上每组配1名行政组长和4名学科组长。学科组长建议设置为：语文英语1名，数学1名，物化生1名，政史地1名，行政组长兼任一科学科组长。

行政组长的职责：一是全面负责小组的学习、两操、纪律、仪表、卫生等学习生活的各个方面，有管理，有评价。二是明确分工，落实小组每一个成员的管理岗位。三是全力协助学科组长搞好小组合作。

学科组长的职责：一是认真检查小组成员的预习情况，做好评价（由年级设置统一的评价表，这样学科标准就会统一），并报告科任老师。二是认真组织小组讨论交流，确保小组活动有序、有效。三是认真组织小组展示，分工要明确，展示要精彩，努力彰显小组魅力。四是收发该学科的作业。

③ 小组文化建设：起好组名。给小组取一个响亮而心仪的名字，用以凝聚人心，鼓舞斗志，激励奋进，明确宣言，表达小组成员的共同愿景，明确小组的奋斗目标，并把它写到小组牌上。定好公约，为了把小组建设成具有凝聚力、战斗力和竞争力的团队，而不是一群乌合之众，就必须约法三章，制定小组公约，用来规范、约束每一个小组成员的言行。公约由小组成员在充分讨论的基础上形成共识，并形成文字写到小组牌上（小组牌具体细节由各班规定）。

④ 加强培训：一是要加强对小组长的培训，组长的责任心和工作能力对小组合作的好坏起直接的作用，所以级长、班主任要把行政组长的培训工作抓好抓实，科任老师要把学科组长的培训工作抓好落实。要讲清当组长的意义和价值，要明确组长的职责和要求，要指导组长学会沟通和协调，要帮助组长解决实际困难。二是要加强对全班的培训，细化课堂学习常规，组织学生反复学习对照、自我反思、自我矫正。要重点培训学生：第一，理解和相信老师的这种安排；第二，自我预习是前提、基础和关键（怎样有效自我预习）；第三，组内研讨，组内研讨是互相检查、互相学习、互相启发的学习过程，弄懂预习中的难题。在这个过程中，要大胆踊跃地提出问题。三是要加强对小组的培训。班主任要细心观察，深入了解，掌握每一个小组的发展动态，及时加强小组培训，矫正不良行为，指导小组合作。四是科任老师要对自己的学科组长加强培训，把长期培训和短期培训结合起来。

⑤ 小组评价。

第一，教师评价。每堂课都要及时对小组做出评价（黑板上要呈现小组评分结果），为了全级的评价一致，特设定：凡是主动举手回答问题，不论对错，该同学所在小组均计1分，回答正确再加1分，表现特别好的小组可以再加附加分，一个问题的回答总分不超过4分。为了确保绝大多数同学积极参与，每个小组的每位成员每节课回答问题最多为小组加分2次，3次及以上的可以参与回答，但不计分。

第二，年级评价。a. 每周设班级"优秀小组"，在班内黑板墙上表彰。b. 每月设班级"明星小组"，在年级墙报上表彰；每个班在月底上交材料（每个班2个小组）放到年级"明星小组"文件夹内：小组名称、口号、小组合照，小组长个人照片以及小组长的寄语。c. 半个学期各设明星组长3名。用大幅相片做大力宣传。d. 学期末表彰优秀小组若干个、优秀小组长若干名。

第三，班级评价。班级管理细则具体由各班自己确定。评价内容要求涵盖教育、教学以及班级管理等各方面，确保增强小组凝聚力和小组成员集体荣誉感。

（2）小组合作教与学流程指引

小组组建后，教师应该如何进行小组合作？为了规范小组合作教与学的流程，立人课堂提供了小组合作教与学基本流程指引，帮助教师能更快更好地进行小组合作探究活动。"立人课堂"小组合作环节教学建议如下图所示。

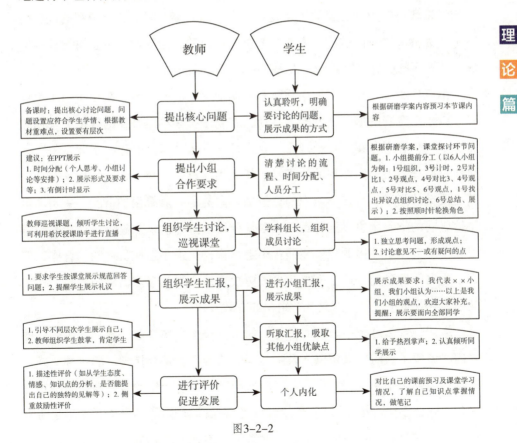

理 论 篇

图3-2-2

（3）对合作学习的进一步思考

"自主、合作、探究"六字方针是新课程标准中的一个重要理念，也是一个亮点，它切实体现了学生的主体地位。但如何把六字方针落到实处，却是教学实践中一个较为突出的问题。通过课堂实践，笔者对小组合作有了一些思考。

第一，在课堂改革之初，小组合作需要重视内容，也需要重视形式。课堂改革的过程中会遇到很多的困难，其中一项就是很多人认为小组围坐是形式。但在课堂改革之初，如果没有形式，那么就更谈不上内容。只有创设出好的课堂讨论环境，包括小组围坐形式，才能让教师们有意识、有冲动去尝试小组合作这一学习方式。

第二，在运用小组合作的课堂上往往存在着讨论气氛异常热烈，但教师没有考虑到讨论的价值的现象。开展公开课的过程中，有了观众，小组合作的讨论就更热烈。心理学研究表明，大多数人都有展示的欲望和被认可的需求。为解决这一问题，立人课堂要求教师设置关键问题，且是有层次的问题，让人人都能有问题讨论，人人都能发挥自身的作用。

第三，小组合作探究如果需要充分调动学生的积极性，需要组织小组竞赛。以小组竞赛的形式展开教学活动，有利于提高小组合作的效率。合作和竞争是一种客观存在的社会现象。合作学习主张"组内合作、组间竞争"。合作是以优良人品为前提的，相互信任、相互尊重、相互谦让、相互欣赏是其主要精神品质。合作学习中的竞争是外向的，一般有两种情况：一是学生个体之间的学习竞争，这种竞争大多是分层次进行的；二是组与组之间的学习竞争。合作学习中的竞争能强化小组结构，促进小组成员之间的合作，促进学生之间的互动，使学生更认真、更投入地参与到学习活动中。在合作中竞争，在竞争中合作，这是教学组织的有效方式。

第四，合作过程中教师的参与。如果仅仅把合作学习界定在学生的范围之内，就犯了狭隘主义错误。教师与学生的合作也是合作学习的一种形式。教师参与到学生的合作之中，及时发现问题，促进合作的实效性。教师站在讲台上，让学生一组组开展学习与讨论，在看似热闹的场景中，学生是否真正开展了有效的学习活动，讲台上的教师是不知道的。从这个意义上说，全员参与，也包括教师参与。教师不应只是讨论的组织者，而应能经常性地参与到学生的探讨之中，和他们一起学习，并指导他们如何发表自己的见解，或者以教师自己的发言暗示诱导学生如何发言，并和学生一起讨论，从而逐渐培养学生发言的兴趣和习惯。

4. 师生互动反馈

在课堂上师生及时的互动反馈，能让教师快速、全面地了解学生的学习情况，及时调整教学方案，高效地完成教学任务。学生在互动过程中不仅可借其他人的经验快速突破重点、战胜难点，为自身积累知识经验，还可引导他人学习，教与学都能收到事半功倍的效果。

立人课堂中的互动反馈指的是学生与教师互动进行自主学习，同时与他人结合成学习共同体即小组，与小组成员互动进行合作学习，再与其他小组互动进行竞争学习，在学习过程中通过互动反馈评分机制，帮助学生有效学习。这里的互动反馈有两个层面的意思：一是纵向和横向的互动反馈关系网络，即在纵向上学生与老师形成一条互动关系链，在横向上组员与组员、小组与小组形成互动关系链。二是知识传导的双向关系网络，即学生与老师形成被引导的关系，信息的传导方向是输入；与组员和其他小组形成指导关系，信息的传导方向是输出。这样形成的信息传递传导实质是多向的，构成了一个信息多向交流和反馈的机制。教师与学生之间，包括学生与学生之间的互动都是需要教师进行有效引导与指导的。

（三）教师反思

教学后在教师层面强调教学反思、通过元认知前后评价进行学习动机激活发展与教学反馈，有利于教师对每堂课进行重新梳理和优化。

教师课后认真思考本节课自己收获了什么，最成功的地方是什么，哪一个地方讲得清晰学生听明白了，从学生的上课状态与课后作业来看学生的掌握情况。在反思形式上，要求以书面反思为主，对于字数没有要求，但每节课需要有反思。在反思内容上，有专题式反思与日常随笔两种。只有善于反思、善于总结、善于创新，教师才能不断进步。

第一，教师教学反馈的形式多元化，反馈根据学生课后填写的元认知评价表与课后学生评价表了解学生的感受与整体感知。通过课后作业，准确了解学生对知识点的把握，不同学生对知识掌握的情况。并且在每一阶段任务达成后，都对知识内容和素养的达成情况设置评价标准，及时探查学生在当前学习中存在的问题，以便对下一阶段的教学进行针对性的调整。

第二，元认知前后评价进行学习动机激活。

布鲁纳认为，与其让学生把同学之间的竞争作为主要动机，还不如让学生向自己的能力提出挑战。美国人本主义心理学家罗杰斯认为学习是由学生自我评价的，因为学生最清楚这种学习是否满足自己的需要，是否有助于学到自己想要知道的东西，是否有助于明了自己原来不甚清楚的某些方面，从而自己引导个人的思想、情绪，自然地显示症结所在的情绪因素，并自己调整这种情绪的变化和决定变化的方向，改变相应的态度和行为。

元认知评价表是激活学生学习动机与自我内省力的有效途径。通过课前研磨学案完成后对课前能力值的评估，了解教师对学生提升掌握的要求。通过期待能力值激发学生对课堂的自我期待，同时帮助学生学会抓住自身学习问题所在开展学习，进行针对性学习。课后能力值的测评则是元认知自我评价的闭环。在操作过程中，教师应该抽取典型元认知评价表，对学生进行表扬或指出问题，在全班展示自我评价有所进步的学生，从而长期有效发挥元认知评价表的作用。

示例：

表3-2-1

要求	具体内容	课前能力值 （程度：A/B/C）	期待能力值 （程度：A/B/C）	课后能力值 （程度：A/B/C）
知识掌握	通过对农业区位因素的学习，分析某地农业生产的有利条件和限制因素，我的综合思维能力得到了培养			
	通过对农业布局的学习，总结农业区位选择的方法，形成因地制宜进行区域开发的观念，我的综合区域认知能力得到了培养			

要求	具体内容	课前能力值（程度：A/B/C）	期待能力值（程度：A/B/C）	课后能力值（程度：A/B/C）
知识掌握	通过考虑、实验和调查不同地区的自然和人文环境，我的地理实践能力得到了培养			
	通过为不同区域的农业提出可持续发展的措施，我的人地协调观得到了培养			
爱国教育	通过对本节课的学习，我感受到了国家为打赢脱贫攻坚战的强烈决心和强大实力，激发了我浓厚的爱国之情			
合作探究	在课前与课中，我通过小组合作，并在小组合作过程中积极发言，和小组成员配合良好			
思维能力	在课前与课中，我能运用思维工具厘清自己的思维路径			
其他收获/疑问				

注：A表示熟练；B表示一般；C表示较差。

（四）教学设计规范化

1. 教学设计规范化

如何让教师充分了解课标，解读教材内容？仅仅停留在要求上肯定是不够的，因此，立人课堂根据教师备课过程需要考虑的要素，将教学设计规范化，从实质上提高备课质量和水平。

在教学设计上，东莞市第八高级中学建构立人课堂的基础是全面深刻地解读教材内容和新课程标准，教师在教学设计时，必须结合新课程标准认真研读教材中的知识内容与结构，梳理出知识主线。全面深刻地解读教材内容和新课程标准，根据布卢姆—安德森教育目标分类法将学习目标进行分类，教师针对不同目标采用不同教学策略，选择适合学生认知规律、思维特点的教学策略突破教学难点。基于大概念的抽象性，在教学设计过程中要尽量丰富教学

理

论

篇

素材，增强课堂的趣味性，在每一阶段性的教学过程中，都有兴趣知识作为教学策略的载体。

表3-2-2

课题名称	出版社＿＿ 学科＿＿ 年级＿＿ 单元＿＿ （课题） 第＿＿课时				
课程标准	（对应国家最新课程标准）				
学情分析	共性分析+个性分析				
教学目标（重难点）	事实性知识				
	概念性知识				
	程序性知识				
	元认知知识				
5C核心素养	文化理解与传承				
	审辩思维				
	创新				
	沟通				
	合作				
教学策略	重难点突破策略	教学模式	讲授模式□ 直接教学模式□ 概念教学模式□		
			合作学习模式□ 基于问题的学习模式□ 课堂讨论模式□		
		资源策略	视频资料□ 图文资料□ 表格资料□ 活动资料□ 其他□		
		学习策略	课堂练习□ 游戏□ 竞赛□ 探究操作□ 头脑风暴□ 讨论□ 其他□		
		学习思维发展策略	系统思维□ 辩证思维□ 逻辑思维□ 批判思维□ 发散思维□ 灵感思维□ 形象思维□ 创新思维□		
		思维工具	思维导图□ 概念图□ 气泡图□ 树状图□ 表格□ 流程图□ 九宫图□ 5W2H□ SWOT□		
教学设计	教学过程	教师活动	学生活动	设计意图	信息技术融合（技术＋作用）
教学反思	1.上完课，你对自己的表现满意吗？为什么？				
	2.备课时，你觉得哪些学生会在课堂学习中出现困难，你是如何关注这些学生的？				
	3.课堂上，你是如何关注到不同层次的学生的？				
	4.其他文字+语音+视频				

2. 教学目标中的相关概念

教学目标分类强调指导教学过程和以结果进行评价。本教学设计不是局限于当前的三维目标分类法，原因是对于高中阶段的学生来说，三维目标的分类过于笼统，特别是对知识目标分类不够详细。将知识目标进行分类，才能方便教师采取精准的策略，为学生提供更合适的学习方法，有效教学。本教学设计的教学目标是根据布卢姆—安德森教育目标分类法，将学习知识目标进行分类。布卢姆目标分类法将教育目标分为认知过程和知识两个维度。其中知识包括事实性知识、概念性知识、程序性知识和元认知知识。认知过程维度是学生学习知识所经历的阶段，即记忆、理解、运用、分析、评价和创造。将教什么与学生掌握和应用知识的阶段历程区分开来。立人课堂教学设计要求教师将课堂的知识目标分类，根据学生的认知维度，采用不同的教学方式，帮助学生有效学习。

（1）事实性知识是指学生掌握本学科学习问题时必备的基本知识（术语、具体的细节与内容，具有概括性低、点滴性等特点）。针对事实性知识，教师可以采取的教学方法有：确定要记忆的知识点，创新学习和应用事实性知识情景，在书面文本上画重点标记，提示学生回忆原有相关知识，提供记忆指导等。

（2）概念性知识是指较大范围内基本要素之间的关系（分类内容、结论与原理、理论、模式与结构，具有抽象概括性和组织性的特点）。针对概念性知识，教师可以采取的教学方法有：概念性知识的分析和例证的设计；引起注意和预期，如讲一些有趣的故事、细节等；选择合适的学生回忆方式；呈现材料的时机和方式；帮学生选择合适的思维导图。

（3）程序性知识是指做事方法、研究方法以及技巧、运算法则、技能与方法的应用标准（技巧、方法、步骤、流程，对概念性知识的理解是运用程序性知识的前提条件）。因此，从生活情境出发，引发兴趣；提示原有相关知识引发思考；选取合适的思维工具梳理知识；有针对性地指导和独立练习；采用竞赛、游戏等方式提供学习动力等都是有效的教学策略。

（4）元认知知识是指总体的认知以及对自我的了解（策略性知识、情境性知识、优势劣势的自我认知，引导学生设定目标—反思自己是否达到目标）。针对元认知知识，教师可以通过提供知识的不同层次要求，引导学生反思自己当前能达到的程度，鼓励学生向更高目标要求自己等帮助学生提升元认知知识水平。

3. 相关内容说明

（1）教学策略主要指的是针对重难点知识，教师在课前应该明确本节课的相关教学策略，这样才能有的放矢，从容自信地面对学生。其主要是针对教学模式、资源策略、学习策略、思维发展策略与思维工具等方面进行思考。

（2）在具体的教学设计方面，强调了信息技术的应用，并不是每个教学环节都要有信息技术的运用，但需要教师能有意识地借助信息技术工具，包括网上资源、多媒体、数据统计等方式。每节课的教学反思是促进教师成长最快的途径。在教学设计范式当中提供了思考的角度，包括对自我的评价、分层教学、考虑到全体学生等方面。以人为本，从人出发，全面从教学两大主体——教师与学生方面进行反思。

4. 教学设计示例

统编版高中历史教材上册通史编体中每一课的教材内容十分丰富，如何在一节课时间处理好教材内容，对教师是个考验。教师对教材内容进行了大胆的取舍和整合，并在实践教学中进行了多次修改。整体而言，这节课体现了立人课堂的基本理念，满足了立人课堂对教学设计规范化的要求。教学过程很好地体现了教师在精讲和引导时的主体位置，学生在自主学习、成果展示、个人内化和合作学习中的主体位置，打破了传统的教学模式。整节课的课堂氛围好，有静有动，有思考，有合作，学生反馈好，得到了教师的一致好评。

表3-2-3

课题名称	人民教育出版社高中历史统编《中外历史纲要（上）》第一单元第3课《统一多民族封建国家的初步建立》教学设计
课程标准	·内容要求：通过了解秦朝的统一业绩，认识统一多民族封建国家的建立在中国历史上的意义

学情分析		·共性分析：本课是学生进入高中阶段正式开始历史学习的第3课。高一学生思维活跃，有强烈的好奇心，并且渴望得到同伴的认可。因此要针对学生的这方面特点，充分调动他们身上的积极因素，鼓励他们以各种形式表达自己的见解，增强他们的自信心和成就感。同时，高一学生在思维上已经从以形象思维为主向以抽象思维为主过渡，具有一定的抽象分析比较能力。而且，在初中已学过秦朝时期相关史实，学生已经具有一定的历史知识储备。但学生知识零散，对于相关知识习惯死记硬背，本课采用合作探究方式，引导史料分析，运用思维工具、图片等多种手段，建构历史思维逻辑体系，帮助学生掌握秦统一前因后果，理解秦朝统一多民族封建国家的建立对中华文明的影响，并为后面的学习提供知识和情感铺垫 ·个性分析：实验班学生整体历史基础较好，对于基础知识的梳理能够自主完成，因此本课教学过程中主要是通过探究来加深对秦统一的理解，探究过程中提供了基础型史料和提优型史料，课后也设置了两种层次的训练，来对不同层次学生做不同的要求
教学目标重难点	事实性知识	教学重点：了解秦朝的统一业绩，识记并理解秦巩固统一的措施
	概念性知识	教学重点：理解秦统一多民族封建国家建立的原因和历史意义 教学难点：理解统一多民族封建国家治理的难度，思考秦朝兴与亡的历史经验和教训
	程序性知识	通过自主预习、史料分析，让学生掌握分析秦统一前因后果的思维路径 通过合作探究、史料分析，让学生从多角度理解秦的统一
	元认知知识	通过提供本课知识掌握层次引导学生定位课前与课后自身对知识的掌握程度，激发学习动机，检验学习成果，进行学后反思
5C核心素养		·文化理解与传承：从家国情怀的角度认识秦统一在中国历史上的重大历史意义，逐步形成对国家和民族的历史使命感、社会责任感和文化认同感，培养维护国家统一的爱国主义情感。注意研究和借鉴人类政治文明的有益成果，树立为社会主义政治文明建设而奋斗的人生理想 ·审辩思维：从时空观念角度认识秦朝所处的特定的时空环境，抓住其特定时空背景和阶段特征；通过史料，进行初步的归纳和分析，培养学生阅读理解历史材料以获取有效信息，并结合所学知识对有关问题进行说明的能力；通过合作探讨的教学环节，让学生学会换位思考，培养学生历史解释能力；运用唯物史观引领学生通过历史学习，运用经济基础和上层建筑关系理解秦朝政治制度，国家统一与社会经济、文化的关系，认清历史发展规律，对历史与现实有全面、正确的认识 ·创新：学生用发展的眼光分析问题，发展学生的创新思维，运用历史知识和思维创造性地解决实际问题 ·沟通：通过认真倾听小组成员的阐述并主动阐述观点，展示并描述学习成果，从而提升沟通表达能力 ·合作：通过小组讨论学习探究，培养责任分担、合作共赢的意识和能力

理
论
篇

立人课堂

——核心素养视域下高中课堂范式的构建与实践

		教学模式	讲授模式			
教学策略	重难点突破		合作学习模式、课堂讨论模式			
		资源策略	视频资料、图文资料			
		学习思维发展策略	逻辑思维：通过复流程图引导对历史事实前因后果的分析，提升学生逻辑思维能力			
			辩证思维：通过对秦兴亡的经验和教训的分析，使学生认识到对任何历史事件都要一分为二地分析，全面地认识历史，从而培养学生的辩证思维			
		思维工具	复流程图、括号图、思维导图			

	教学过程		教师活动	学生活动	设计意图	信息技术融合
教学设计	学习动机激活	课前准备	教师搜集资料，设计课前研磨手册，课前发给学生，帮助学生自主学习	1. 学生先根据教材以及课前研磨手册自主学习，搜集整理相关历史资料，认真完成研磨手册；2. 学生完成《课前自我评价表》的填写	1. 教师通过研磨手册引导学生梳理基础知识，搜集相关资料，为课堂发言提供素材，扩充相关知识，做好上课质疑和投入的准备工作；2. 让学生对课前有个知识和能力的自我认知和预期，激发学生动机	
		新课导入（2分钟）	播放秦始皇嬴政发言视频（1分钟），提醒学生留意观察视频发言者的情绪。从激发学生感受秦王嬴政统一后的激动和自豪，体会实现统一的艰难，由此导入新课	观看视频，留意观察秦始皇发言的情绪	以视频导入，让学生通过秦始皇嬴政激动而自豪的情绪直观感受秦统一的艰难与伟大，激发学生学习兴趣与动机，为后面探究铺垫	教师下载视频后，运用剪映对视频进行剪辑、修饰、美化

教学过程		教师活动	学生活动	设计意图	信息技术融合
教学设计	学习动机激活	自主学习反馈（1分钟）	1.检查学生的研磨手册中的预习学案部分，并在课堂上展示部分学生的预习成果，表彰态度认真或进步较大的学生； 2.邀请学生分享课前能力与期待能力值	请两个同学分享课前能力与期待能力值的自我评价表	1.对学生预习学案的反馈更好落实分层教学与精准性教学； 2.邀请个别学生分享期待能力，激发学生元认知学习动力	
	基础知识梳理（12分钟）	学生讲解	1.邀请学生展示自主学习部分的"秦统一的复流程图"，并讲解秦统一的原因、巩固措施和历史意义； 2.教师点评	1.学生展示自主学习部分"秦统一的复流程图"，并讲解秦统一的原因、巩固措施和历史意义； 2.其他同学进行补充	2.邀请个别学生展示并讲解预习成果，锻炼学生的语言表达能力，帮助学生一起梳理基础知识	
		教师点拨	教师展示最终版"秦统一的复流程图"给学生进行参考，对个别学生容易遗漏的知识进行点拨，帮助学生进一步梳理秦统一原因、巩固措施和历史意义	学生认真听讲，进一步厘清秦统一的原因、巩固措施和历史意义	本课教材内容十分丰富，学生通过课前自主学习，教师重点点拨，就可以掌握秦统一的基本知识	
		个人内化	教师给2分钟时间，学生结合学生讲解和教师点拨，完善个人的复流程图	学生利用2分钟时间，结合学生讲解和教师点拨，完善个人的复流程图	给学生课堂适当的留白，通过完善复流程图进行个人知识的内化，达到巩固本部分基础知识的目的	
			附：秦统一的复流程图			

理论篇

55

立人课堂

——核心素养视域下高中课堂范式的构建与实践

教学过程	教师活动	学生活动	设计意图	信息技术融合

教学设计				

原因 → 秦统一 → 巩固措施 → 历史意义

原因（五个空框）→ 秦统一 →

巩固措施：政治：／经济：／文化：／其他：

历史意义：政治：／经济：／文化：／疆域：民族：

教学过程	教师活动	学生活动	设计意图	信息技术融合
基础知识梳理（12分钟） 教师精讲	教师运用比较法，重点讲解以下几个概念： 1. 通过拆分概念、对比、引用秦的政治架构等方法来进一步讲解专制主义中央集权制度； 2. 通过与分封制的对比，帮助学生理解郡县制； 3. 通过比较贵族政治和官僚政治，使学生认识到官僚政治取代贵族政治是历史的进步	学生认真听讲，在教师的引导下理解易混淆的概念	此部分通过教师个别概念讲解，运用比较法帮助学生厘清易混淆的概念，同时更全面地理解秦统一的政治方面的巩固措施，从微观角度把握知识	
探究一：多角度理解秦的统一（12分钟） 个人探究	1. 指导学生运用括号图从不同角度理解秦的统一； 2. 提供基础型史料和提优型史料，进行引导； 3. 明确要求：用黑色笔书写，3分钟时间	1. 学生根据教师提供的史料并结合所学，先进行个人内化、自我思考（3分钟）； 2. 用黑色笔完成个人括号图	1. 史料引导学生多角度理解秦的统一； 2. 通过思维工具帮助学生厘清思维路径； 3. 给学生个人探究、独立思考的时间； 4. 通过史料难度分层，落实分层教学	1. 运用计时器规范学生探究时间，以达高效；

教学过程		教师活动	学生活动	设计意图	信息技术融合
教学设计					2. 希沃授课助手的直播功能展示学生探究讨论的过程； 3. 运用希沃授课助手拍照上传至屏幕，展示学生探究成果；
探究一：多角度理解秦的统一（12分钟）	合作探究	1. 在个人探究基础上，教师提出合作讨论要求：小组讨论3分钟，用红色笔进行补充完善，形成小组成果，选出发言代表； 2. 教师点评	1. 学生在个人探究基础上，小组合作讨论3分钟，向伙伴表达自己的想法，在讨论中完善所填括号图，并形成小组的成果； 2. 小组选出代表展示探究成果	1. 通过讨论，提高学生的表达能力和历史解释能力； 2. 通过合作探究，加强学生间的合作，借助小组成员的力量，让学生全方位地认识秦的统一	
	教师总结	1. 教师引导学生一起总结，教师板书形象构建秦统一的制度； 2. 简单引导学生得出秦灭亡的原因，过渡到探究二	1. 学生与老师一起总结统一的各个方面； 2. 在教师的引导下回答出秦速亡的原因	通过教师引导、学生总结，教师板书构建秦统一的制度，形象直观地帮助学生理解秦统一的实行体现在各个方面，理解实现统一的难度	
	附：括号图 多角度理解秦的统一 ┌ 角度　史实说明 　　　　├─────── 　　　　├─────── 　　　　├─────── 　　　　└───────				
探究二：以史为鉴，秦朝兴亡的历史经验和教训（10分钟）	个人内化思考	1. 教师指导学生运用思维导图，依据刚才所讲的有关"秦统一的基本史实"，并结合课本"秦速亡"的有关内容，小组内畅所欲言，谈一谈从秦朝的兴与亡中，得到哪些有关维护统一的经验和教训；	学生先独立思考（个人内化）2分钟	给学生独立思考的时间，为接下来的合作讨论做准备，提高讨论效率	

理　论　篇

· 57 ·

立人课堂

——核心素养视域下高中课堂范式的构建与实践

教学过程		教师活动	学生活动	设计意图	信息技术融合
教学设计	探究二：以史为鉴，秦朝兴亡的历史经验和教训（10分钟） 个人内化思考	2.提出思考要求：先独立思考（个人内化）2分钟			4.移动直播工具全程记录师生课堂行为与状态，用于课后分析评价
	小组讨论	1.教师提出合作讨论要求：小组讨论3分钟，形成小组成果，选出发言代表；2.教师点评	1.学生小组合作讨论3分钟，畅所欲言，交流各自想法，在讨论中形成小组最终成果；2.小组选出代表发言	以史为鉴，学以致用，引导学生从秦的兴与亡中总结经验和教训，运用唯物史观、历史知识和思维来看待问题，培养辩证思维；锻炼学生用发展的眼光分析问题，发展学生的创新思维	
	附：思维导图 经验——统一——教训				
	总结升华（3分钟） 教师精讲	1.教师通过展示后世总结秦兴亡的经验和教训所做的努力，回到现实，体会当今维护祖国统一的重要性，进行情感升华；2.小结学生这节课的总体表现	1.完成课后评价表；2.尝试独立完成本课思维导图	1.回归现实，激发学生历史使命感、社会责任感、民族精神、爱国情感等角度升华，强调家国情怀；2.课后评价表更是激发学生持续学习热情的重要环节	

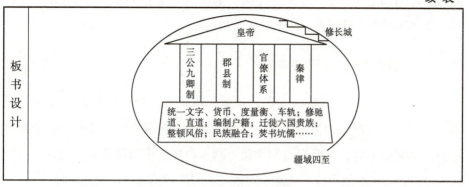

参考文献

袁振国.学校教育需要进行一场结构性变革［J］.上海教育，2015（7）：62-64.

第三节 创新思维外化的学法指导

当前高中课堂更多的是"重教轻学"，认为教师的教更重要。事实上教学的最终目的是为学生的终身发展负责，因此，"学会"比"教会"更重要。有人说，未来的文盲不再是不识字的人，而是没有学会学习的人。"授人以鱼，不如授人以渔"，就是强调学生主动学习的核心是学法指导。学法指导是学生由"学会"到"会学"必不可少的有效途径，如果说教学模式的创新是课堂改革的"形"，那么学法指导就是课堂改革的"魂"。

未来的社会将是学习化的社会，学会学习是从学习方法的意义上说的，即"善学"与"不善学"的问题。善学者，师逸而功倍；不善学者，师勤而功半。立人课堂在指导学生思维外化的学习方法上进行了创新，给学生提供能用、好用和适用的学习工具，建构从学校到学生个人的学法指导体系，提升学生的学习力和思维力，使学生学习更高效。

一、课前自主学习导向化

学案教学作为一种教学形式，是课程改革发展到一定阶段的产物。当前，学案教学依然是最为科学的教学方式之一。它帮助学生课前系统全面地把握所学知识内容，克服盲目和片面，减少教材阅读和作业中的困难，有利于学生准确理解教材内容，提高学习效率，对学习新课作用尤为明显。

激活学生学习动力，提高学生自主学习能力需要有规范化的"立人课堂"研磨学案作为支撑。"立人课堂"研磨学案一共分为四个部分：学习目标、课前学习案、课堂探究案与反思评价，其中强调问题分层设计、学生分层指导与课堂教学策略性知识相结合。立人课堂课改的过程中，充分调动科组教师的集体智慧，立足于新教材，集全科组老师的力量，分批次地编写研磨学案，每年提前修订研磨课，将研磨学案修订成册，整校推进。

当然，在制定研磨学案的过程中也遇到了很多的困难，如不同的课堂对研磨学案的要求不同，有些研磨学案设计不够科学合理等。实践的过程是反复修订、反复验证的过程，研磨学案的要求不能过细，不能限制发挥不同学科的学科特点，但对研磨学案不能没有要求。提出要求的过程要循序渐进，多商量与讨论，争取在实践过程中不断完善，形成立人课堂课程改革的特色校本课程体系。以下是研磨学案示例。

二、研磨学案示例

下面以人教版高中生物必修一第二章第四节《蛋白质是生命活动的主要承担者》研磨学案为例进行说明。

（一）学习目标

1.课标要求

阐明蛋白质通常由21种氨基酸组成，它的功能取决于氨基酸序列及其形成的空间结构，细胞的功能主要由蛋白质完成。

2. 学习目标——核心素养目标

（1）生命观念目标：通过对蛋白质结构多样性的学习，能用结构与功能相适应的观念解释蛋白质功能的多样性。

（2）科学思维目标：利用建构模型的方法学习氨基酸结构以及脱水缩合的过程。

（3）科学探究目标：通过构建物理模型，提高小组合作和动手能力。

（4）社会责任目标：能解释日常生活中和蛋白质相关的问题，认同我国在蛋白质科研方面的成就。

3. 学习重点

（1）氨基酸结构特点及其形成蛋白质的过程。

（2）蛋白质功能和结构。

4. 学习难点

（1）氨基酸形成蛋白质的过程。

（2）蛋白质结构和功能多样性的原因。

（二）课前学习案

1. 基础知识梳理

（1）蛋白质的功能

请同学们根据学习到的关于蛋白质功能的知识，在下面空白的地方绘制关于蛋白质功能的气泡图，可以很清晰地向同学们展示你学习到的内容。

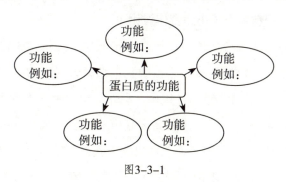

图3-3-1

（2）蛋白质的基本组成单位——氨基酸

① 组成蛋白质的元素有（　　　）。基本单位是（　　　）。组成人体蛋白质的氨基酸有（　　　）种。

②　人体细胞不能合成的，必须从外界环境中直接获取的氨基酸叫作（　　），有（　　）种；人体细胞能够合成的，叫作（　　），有（　　）种。

（3）氨基酸的结构特点

①　每种氨基酸分子至少含有（　　）和（　　），并且都有（　　）和（　　）连接在（　　）上。（判断氨基酸的依据）

②　不同的氨基酸就在于（　　）的不同。

（4）氨基酸脱水缩合形成蛋白质的过程

①　脱水缩合：一个氨基酸分子的（　　）（—COOH）和另一个氨基酸分子的（　　）（—NH$_2$）相连接，同时脱去一分子的水的结合方式。

②　肽键：连接两个氨基酸分子的化学键叫肽键。

二肽：由氨基酸分子缩合而成的化合物，含有（　　）个肽键。

三肽：由氨基酸分子缩合而成的化合物，含有（　　）个肽键。

多肽：由多个氨基酸分子缩合而成的，含有多个肽键的化合物。多肽通常呈链状结构，叫作（　　）。

（5）蛋白质分子结构多样性

①一条或多条肽链通过互相结合在一起，形成具有复杂空间结构的蛋白质。

②　蛋白质多样性的原因：在细胞内，氨基酸的（　　）不同；每种氨基酸的（　　）成百上千；氨基酸形成肽链时（　　）千变万化；肽链的盘曲、折叠方式及其形成的（　　）千差万别。

2.深度学习资料补充（小组合作讨论）

世界上第一个人工合成的蛋白质在中国诞生，为探索生命的奥秘迈出关键性的一步。人和动物体内有一种由胰脏内细胞分泌出的激素叫胰岛素，它具有降低血糖的功能。1965年9月17日，世界上第一个人工合成的蛋白质——结晶牛胰岛素在中国诞生了。牛胰岛素是由51个氨基酸组成的。我国科学家历经6年半不懈的努力，获得了人工合成的牛胰岛素结晶。它是第一个与天然性能完全一样的全合成的蛋白质。人工合成胰岛素，首先要把氨基酸按照一定的顺序连接起来，分别组成A链、B链，然后再把A、B两条链连接在一起。经鉴定，人工合成的胰岛素的结构、生物活性、物理化学性质、结晶形状都和天然的牛胰岛素完全一样，活力为87％。我国科学家在人工合成胰岛素方面所取得的成果，受到世界各国科学家的普遍赞扬。

阅读完上面的资料，你一定为中国科学家们为世界做出的贡献感到自豪！请根据课本内容思考：蛋白质的基本单位是什么？其基本单位是怎样进行连接的？为什么蛋白质具有多种多样的功能？

3. 课前评价，更好成长

（1）通过学习导学案，请你对本课知识点的掌握程度做出判断（程度：A/B/C）。

（2）你期待在本节课中，实现对知识点的掌握程度。

表3-3-1

要求	具体内容	课前能力值（程度：A/B/C）	期待能力值（程度：A/B/C）
知识掌握	我能举例说明蛋白质的功能		
	我知道氨基酸结构通式并了解其脱水缩合形成肽链的过程		
	我理解蛋白质结构与功能多样性的关系		
合作探究	在"课前预习"中，我通过小组合作，并在小组合作过程中积极发言，和小组成员配合良好		
思维能力	在"课前预习"中，我能用简要思维图厘清自己的思维路径		
自我肯定	课前学习中我表现得好的地方：		

注：A表示熟练；B表示一般；C表示较差。

（三）课堂探究案

同学们，大家知道在高中阶段怎样学习生物大分子物质（如蛋白质）吗？我们是有方法的哦，这个方法如图3-3-2所示。本节课，我们以蛋白质为例，根据这个方法，梳理出一条清晰的学习思路并用思维导图（图3-3-3）呈现出来，这个就是本节课的重点内容，同学们能够补充完整吗？

图3-3-2

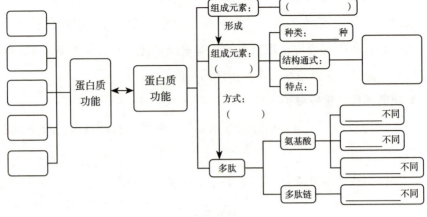

图3-3-3

1. 蛋白质的基本组成单位——氨基酸

（1）观察下面几种氨基酸的结构，请同学们找一下相同点和不同点，并用圆圈将相同点圈起来。

甘氨酸　　　　缬氨酸　　　　丙氨酸　　　　亮氨酸

（2）小组活动

活动1：请同学们以小组为单位，利用教师提供的球棍模型，每个组完成两个甘氨酸模型的构建（3分钟），并派代表展示和解说你们小组构建的模型的具体结构（1分钟）。

学以致用：你能判别出以下哪些是组成蛋白质的氨基酸吗？如果是氨基酸，请打钩。

2. 氨基酸脱水缩合形成蛋白质的过程

（1）氨基酸脱水缩合形成二肽的过程图

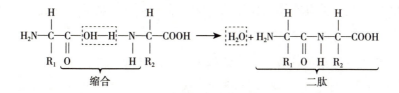

（2）小组活动

活动2：先思考一下氨基酸脱水缩合的过程，然后以小组为单位，利用刚才构建的两个甘氨酸结构模型，模拟氨基酸脱水缩合形成二肽的过程（2分钟）。展示解说（1分钟）内容包括：①说明氨基和羧基的结构。②各结构脱去的原子和基团是什么？③指出形成的肽键是哪一个。

3. 蛋白质分子结构多样性

教师利用不同形状的图形模拟氨基酸形成肽链的多种情况，同学们归纳原因。

理

论

篇

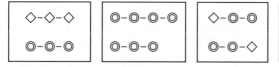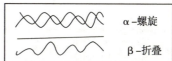

图3-3-4

4. 课后练习，学以致用

下面两道题，请同学们根据自己的实际情况任选一题完成。

（1）基础题

脑啡肽是一种具有镇痛作用的药物，它的基本组成单位是氨基酸。请根据脑啡肽的结构简式（　　），形成这条肽链的氨基酸分子数以及缩合过程中生成的水分子数分别是（　　）。

注：脑啡肽的结构简式如下。

A. 3和2   B. 4和3   C. 5和4   D. 6和5

（2）提优题

脑啡肽是一种具有镇痛作用的药物，它的基本组成单位是氨基酸。上面是脑啡肽的结构式。请回答下列问题：

① 组成氨基酸的四种主要元素是（　　），氨基酸的结构通式为（　　）。

② 构成一个脑啡肽的氨基酸数目是（　　）。形成脑啡肽的氨基酸有（　　）种。脑啡肽是由氨基酸经过（　　）的方式形成的化合物，生成的水分子数是（　　）。请标出一个肽键。

③ 如果氨基酸顺序发生了改变，它还会具有脑啡肽的功能吗？为什么？

（四）反思评价

1. 作业

运用思维导图概括本节课的知识框架。

2. 课后评价

请把课前填写的"课前能力值"以及"期待能力值"补充上去以做对比。

表3-3-2

要求	具体内容	课前能力值 （程度：A/B/C）	期待能力值 （程度：A/B/C）	课后能力值 （程度：A/B/C）
知识掌握	我能举例说明蛋白质的功能			
	我知道氨基酸结构通式并了解其脱水缩合形成肽链的过程			
	我理解蛋白质结构与功能多样性的关系			
合作探究	在"课前预习"中，我通过小组合作，并在小组合作过程中积极发言，和小组成员配合良好			
思维能力	在"课前预习"中，我能用简要思维图厘清自己的思维路径			
课后其他收获/疑问				

注：A表示熟练；B表示一般；C表示较差。

3. 课中注重思维外化训练

思维能力的提升才是教育的根本，运用思维规律进行教学可以有效提升师生的学习力，主要表现在思维教学可以促进学生成绩的提升，促进学生素质的提升，提高学生的动手能力以及学习能力，思维课堂教学变得越来越重要，因此需要做进一步的探索。立人课堂是培养学生思维能力的课堂，本节主要阐述立人课堂是如何培养学生思维能力的。总体来说，立人课堂采用思维外化训练，帮助学生更好地掌握学习方法。

为了提升学生思维能力，强调教师在态度、时间、工具、表达、交互与展示这些要素方面进行思维外化训练。"立人课堂"强调学生使用思维工具整理思维，将所学的知识系统化，思维方法和思维训练显得尤为重要。运用思维可视化教学工具与具体学科相结合，让学生在学习中学会思考，用图示的方法整理自己的思维，学生同步呈现思维过程和思维结果，用思维工具来引导、纠正思维过程，培养学生的自主学习能力，以及分析和解决问题的能力，从而提升师生的学习力，以建立学科知识与知识之间的关联、知识与实际应用之间的关联，思维能力的培训将成为学生终身受用的思维工具。

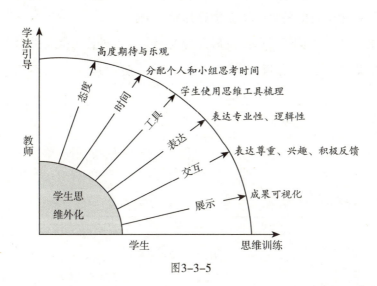

图3-3-5

在对学生进行思维训练的过程当中，主要通过以下6个方面进行。

（1）态度：教师对学生思考的过程保持高度期待，同时对学生的思维结果保持乐观态度。相信学生能使自身的学习热情得到激发，教师在言行方面所传达的都将会是正能量的，这有益于激活学生的内驱动力。

（2）时间：分配合理的思考时间，其中包括个人思考的时间与小组合作思考的时间。

（3）工具：提供思维工具和模式支持学生思考与学习。

美国David Hyerle博士在1988年提出思维地图，它主要是依据语言学和认知心理学建立起来的，包括八大思维图示法（括号图、气泡图、流程图、圆圈图、双气泡图、复流程图、树形图以及桥形图）。概念图这一概念由康奈尔大学的Joseph D.Novak教授等人于1960年提出，它是用来组织和表征知识的工具。日本石川馨发明了"鱼骨图"，它可以帮助使用者透过现象看本质。英国学者Tony Buzan于20世纪60年代初提出思维导图的概念，把人的思维过程用一种放射性的图示展现出来等。

当前立人课堂主要采用这几大思维工具作为载体，要求教师教会学生使用思维工具。立人课堂与其他思维可视化的区别在于，它更多的是学生在个人思考的过程中，自己运用思维工具，重新梳理课堂内容，将知识进行系统化的过程。

由于高中学科的特点，也鼓励教师能自主开发适合本学科的有创新性的思维工具。比如在英语学科的读后续写教学中，赖司其老师就采用了有所创新的四宫格（4W1H）分析所给的短文并进行合理续写。

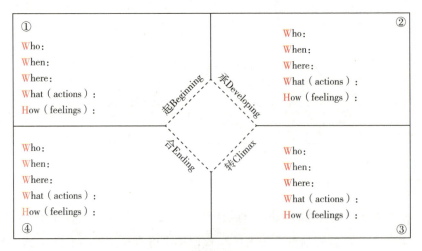

图3-3-6

这个四宫格结合了英语学科在续写环节的基本要素"4W1H"，同时又将文章需要的"起、承、转、合"四个环节连接起来。这样的思维工具能帮助学生迅速建立起英语作文大框架，同时明白基本要满足的要素，使用后得到了师生的认同及赞赏。

（4）表达：为学生提供专业词汇与表达，引导学生科学、合理描述。

思维外化需要让学生展示思维过程，但学生的表达需要训练。因此，教师无论在课堂中或课堂外，都需要引导学生提升表达的专业性和逻辑性。

表3-3-3

目的	功能	例句
指导	引出步骤	"第一步是……" "其次是……" "最后一部分是……"
询问	提出问题	"谁？做什么？什么时候？在哪儿？为什么？通过什么方式？""你怎么看？"
检测	判断某件事是否合理	"关于……我还有一个问题" "我所了解到的是……"
描述	谈论某事	使用描述性的语言和细节
对比	展示两件事物的相似点和不同点	"这是两者共有的……" "这些是不同点……"
解释	举例	"比如说……" "这一点很重要，因为……"
分析	讨论更宏观的想法的各部分	"这部分包括……" "我们可以就这个想法画一个图。"
假设	根据所知道的信息做出预测	"我能够预测……" "我认为将会发生……因为……" "如果……将会发生什么事？"
推断	推断出结论	"答案是……因为……"
评估	评论某事	"我同意这一点，因为……" "我不同意。因为……" "我建议……" "更好的解决办法是……" "最重要的因素是……"

在课堂表达的训练部分：在不同时期，对学生进行不一样的训练。训练

的流程是：教师通过讲座集体培训—班会课班级训练—课堂强化训练。

（5）交互：师生互动共生发展，互相尊重、互相成长。

交互（interactive），是指参与活动的对象，可以相互交流、双方面互动。立人课堂在思考外化的交互层面，教师与学生在相互交流中处于平等地位，教师对学生的想法表达关注、兴趣、尊重、积极反馈，同时引导学生同教师进行理性思考与和谐互动，从而达到师生在交互过程中共生发展。

交互的共生发展最开始需要一些固有的形式。比如请学生回答问题时表达关注，肯定学生的行为用描述性的语言，而不仅仅局限于"好""很好""不错"这样结论性的简单鼓励。然后再要求师生互动更加深入，相互促进。

（6）展示：思考成果可视化。

思考成果可视化就是指为学生提供展示的舞台。展示有很多方式，展示内容不同，采用的方式也就不同。一般来讲，根据内容的难易程度，展示方式可分为三种：一是小组式展示。对于学习内容不是太难的情况，学生可以选择以小组的形式进行展示。在学生展示思考过程当中，教师可以进行相应的点拨。二是纠错式展示。教师让不同层次的学生上台板演或者展示他们的学习成果，从中找出"易错点"和"关键点"。这种形式针对的是不太充分但容易出错的内容。三是抢答式展示。教师以问题为牵引，以小组竞赛等形式引导学生展示，找出"难点"和"运用点"。这种方式针对的是较难的学习内容。

在学生展示过程中教师需要注意的是：

第一，要尊重思考的过程。不能搞形式主义，只让尖子生讲或练，要最大限度地暴露学生自我思考后存在的问题，对不同的学生有不同的要求。或者以小组为单位，让小组的每一个成员都进行展示。

第二，要面向全体学生，让学生学会分享与倾听，学会评价与欣赏。在这一方面，立人课堂的入学学习工具包里有专门的评价工具包，教学生学会评价与分享。

为了能让学生更快地掌握展示与沟通的技巧，为学生提供展示规范语言工具包。如表3-3-4所示。

表3-3-4

开场	"大家好，我（代表我们小组）来展示某某内容。" "我（我们组）是这样解决这个问题的……" "我（我们组）得出的答案是……"或"我（我们组）的观点是……"
过程	用思维导图梳理思路，辅助讲解 适当用逻辑用语，比如："首先……其次……最后……" "第一……第二……第三……"
结束语	"我（我们组）汇报完了，请大家点评指正，谢谢！" "以上是我（我们组）的观点，欢迎大家补充！" "这就是我（我们组）的结论，欢迎探讨！"
评价模板	"针对这个问题，我想补充一点……" "前面小组……这点讲得很好，但对于……这个观点我不赞同，原因是……我的看法是……" "你们组……这里讲得太精彩了，我完全同意你们的说法，但关于……这点我觉得讲得不够透彻，我想补充一下" "对于……我觉得我们可以再讨论一下"

4. 课后开发多样化的学习工具包

"会学"即学会学习。一般可以分为三个层次对学会学习进行定义。第一个层次指学生运用学习策略、学习方法和学习技巧，养成良好的学习习惯，提高学习效率的过程。第二个层次则是指学生在教师或他人的指导下，在开放的环境中，充分发挥主体作用，积极培养学习兴趣和学习意志力，自主、自觉地调控学习情绪、学习策略、学习方法及学习技术，促进身心发展，探索学习策略，开发创造潜能的过程。在这个过程中，学习的目的不再仅仅是储存知识和形成技能。第三个层次是指学生能自主选择学习内容，自主支配学习时间，自我评价学习效果，调控学习过程中的情绪、策略、方法和技能。

教师指导学生学会学习，需要为学习提供平台与载体。立人课堂针对高中学生学情特征，开发了许多适切的工具包。比如元认知工具包、思维工具包、时间管理工具包、交互工具包与评价工具包等。这些学习工具包里都包括相关的学习方法、运用技巧等。为了充分发挥学习工具包的作用，立人课堂以学习工具包为载体，运用一系列的学法指导流程，构建了学校层面到学生个体层面的学法指导，好学、好用、效果好，深受学生欢迎。

理

论

篇

图3-3-7

"立人课堂"学习工具包通过入校前学法指导课的普及、针对不同的工具包进行专题培训或学法的校本课程培训，结合课堂使用与课后训练，在专项活动与比赛中进行实践运用这一系列的指导流程，使学生充分发现了学习工具包的作用，深受很多学生的喜爱与推崇。

通过学习工具包的使用，整体提升了东莞市第八高级中学学生的综合素养，提高了学生的学习力，培养了学生的思维能力，增强了学生学习的热情和兴趣。有来访多次的专家表示："每一次来东莞八中，最大的惊喜是学生的表现与素质有明显的提升。"

第四节　创建立体多元智慧的评价体系

华东师范大学课程与教学研究所所长、国家基础教育课程教材专家咨询委员会委员钟启泉教授在《课堂研究》一书中指出，学校的课堂教学一般来说分三个阶段：计划、实施、评价。这三个阶段当然不是线性式的，而是循环往复、周而复始地展开的过程。因此，探讨课堂评价视点与框架、工具与方法的问题，是实现课堂变革不可或缺的环节。课堂教学评价是与课堂教学有关的测量与评价的总称，它是为促进学生学习、改善教师教学而实施的，对学生的学习过程与结果、教师的教学所进行的测量与评价。

为了保障教学范式的效力，促进学生的学习，东莞市第八高级中学构建了可持续发展的教学评价体系。

图3-4-1

一、设计关注师生课堂关键行为的"立人课堂"行为观察量表

在当前传统教学中，存在重视"教"的评价，轻视"学"的评价的现象。我们存在一种根深蒂固的教育信念，以为"教师的教=学生的学"。重视终结性评价，轻视形成性评价。克服这两种问题，首先应该要解决的是关注课堂的关键行为，关注教师与学生两大课堂主体的关键行为，如此才能全面地评价课堂教学行为本身。

"立人课堂"范式的灵动性是根据课型特点与学科特点，灵活把握教师的教与学生的学。如何衡量教师在课堂中把控好教师与学生的度是重点。因此，我们针对课堂行为又细化了行为观察量表。课堂观察是指研究者（观察者）带着明确的目的，凭借自身感官（如眼、耳等）及有关辅助工具（观察量表、录音录像设备等），直接从课堂情境中收集资料的一种教育研究方法。课堂观察是一种科学的观察，它有明确的先前准备、目的与特定的方法，从而使其获得一般观察无法达到的对事物洞察的深度和广度。为了帮助教师在平时上课与听课过程中深入理解"立人课堂"范式，通过记录老师行为，找出优势与问题，为改革课堂教学、活跃课堂气氛及提升学生主体性提供依据。

在课堂关键行为观察量表里，不仅观察教师的教，而且关注学生的学。不仅仅注重评价过程终结性评价，更注重过程性评价。把评价对象当前的状况与其发展变化的过程联系起来，强调过程本身的价值，强调评价者与评价对象之间的交流和相互理解。立人课堂这一评价过程当中，观察教师与学生两者的行为是必备环节。这一量表也放入了东莞市第八高级中学的听课记录本中。这一量表为听课教师听课与议课提供契入点，而不是盲目地听、模糊地评课。关注教师的教，同时注意学生的学习状态进行评价，"以学评教"。通过对教师与学生课堂行为的观察，让教师们更好地把握有意义的教学行为，理解学生有价值的学习行为方式是怎样的，在观察的过程中反思自身的教学过程，从而实现授课教师、学生与听课教师的共同成长。

表3-4-1

教师课堂关键行为观察			学生课堂关键行为观察		
教师有意义的教学行为	讲授	利用陈述方式介绍学习内容	学生有价值的学习行为	提问与质疑	主动提出问题和阐释自己的见解
	展示	呈现多样化的学习材料		应答	回应教师提问
	提问	通过询问引发学生思考		练习	完成教师布置的练习任务
	表扬与批评	强化学习氛围，表扬激活氛围，批评以提醒		讨论	参与课堂、小组讨论
	指导与答疑	个别化教学		探究	研讨、实验、操作、展示等
	反馈	对学习状态、效果的课堂反馈		评价	自我评价与同伴互评
	评价	对学习状态、学习效果的检测分析		内化思考	基于问题的思考
	其他			其他	

二、主体多元与评价内容全面

《基础教育课程改革纲要（试行）》中明确指出："改变课程评价过分强调甄别与选拔的功能，发挥评价促进学生发展、教师提高和改进教学实践的功能。""教师在教学过程中应与学生积极互动，共同发展。"由此可见，评价的根本目的是促进学生和教师的发展，即"为了学习的评价"。评价应该强调评价主体多元化，主张促使更多的人成为评价主体，特别是使评价对象成为评价主体，重视评价对象的自我反馈、自我调控、自我完善、自我认识的作用。立人课堂根据评价量表，教师自评、教师互评、师生互评与学生自评相结合，同时评价内容全面且具体，以评价倒逼课堂优化。

评价量表具有全面性，不仅注重对课堂学习效果进行评价，而且注重对课堂学习过程进行评价。不仅有对教师课前教学设计的评价，而且有对教师课堂行为的评价。不仅有对教师评价，还有师生、生生互动评价。

表3-4-2

1. 课标与价值导向契合度	10分制	2. 学习资源品质	10分制
3. 教学策略科学合理	10分制	4. 教学设计品质	10分制
5. 学情分析合理	10分制	6. 教学创新品质	10分制

表3-4-3

1. 学习目标达成度高	10分制	2. 教学过程流畅、结构清晰	10分制
3. 信息技术运用适切	10分制	4. 非智力因素（情绪、兴趣、个性、意志、态度）培养适切	10分制
5. 学科思维培养充分	10分制	6. 学习氛围创设良好	10分制
7. 即时反馈及时合理	10分制	8. 学习重点难点突破有效	10分制
9. 教师教学风格鲜明	10分制	10. 作业设计科学合理	10分制

表3-4-4

11. 学生学习兴趣状况	10分制	12. 学生的课堂参与度	10分制
13. 课堂练习与训练状况	10分制	14. 独立思考自主学习状况	10分制

15. 分层指导因材施教	10分制	16. 小组合作学习状况（聆听、思考、表达、互评、自评）	10分制
17. 学生课堂时间管理表现	10分制	18. 学生自律情况	10分制
19. 课堂发言学生代表综合素养表现	10分制	20. 学生课堂提问状况	10分制

表3-4-5

1. 我在这节课里表现不错	10分制	2. 老师表扬了我	10分制
3. 这一节课的内容我学会了	10分制	4. 我和同伴合作愉快	10分制
5. 我很享受这一节课	10分制	6. 我能独立完成本课作业	10分制

三、评价方式立体智慧

有了评价量表后，如何使评价量表更加直观、简洁？立人课堂借助中小学教学教研评价分析系统，将所有数据转化成曲线图，清楚了解教师教学前、教学中、教学后三环节各评估要素指标情况。听课教师通过扫二维码，登录教学教研评价分析系统，即可根据评价量表对教师进行线上评价，评价完成后即可产生曲线图。

这将让评课议课等教研活动有依据、有数据，从而克服传统教研活动中随心所欲、应付了事，评课过程中盲目而笼统，缺乏有效性和针对性的弊端，革除传统教研活动中的经验主义、形式主义的流弊，从而提升教研活动的质量和水平，也为教师提供对比、反思的平台，最终促进教师的专业发展，提升课堂教学水平。

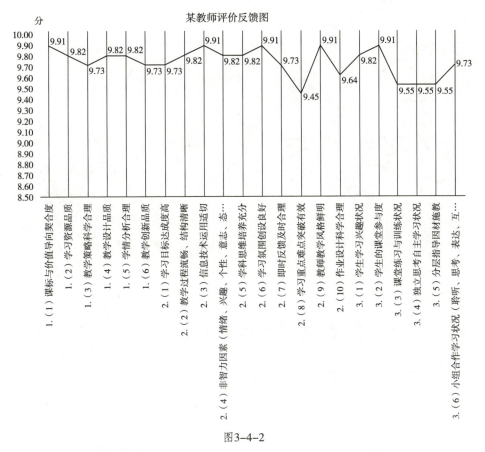

图3-4-2

四、评价结果可持续

教师评价结果的曲线化，最大的优势就是评价的可持续性，建立教师成长记录档案，每一次的评课曲线图就相当于记录了教师不同时期的成长轨迹，为教师不断反思自身问题提供数据支持，通过前后数据对比进行教学优化，为教师的可持续发展提供支持。

同时平台可以对不同教师进行对比评价，从而方便教师在对比中更全面地进行自我认知，寻找自身教学问题。当然，在操作的过程中还需要注重不同教师的评价结果对比，仅局限于教师个人内部交流，从尊重教师、理解教师、平等和谐促进教师成长的角度出发，从提高课堂教学水平出发，而不是为了指责教师、批判教师，给教师造成过于沉重的心理压力。

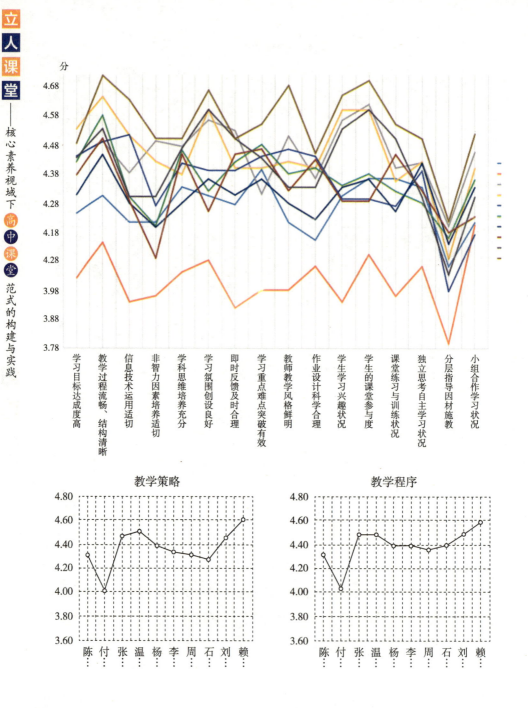

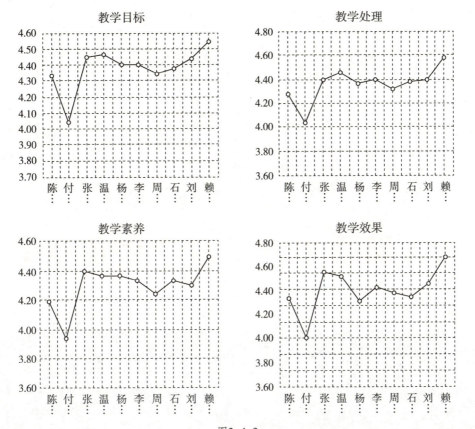

图3-4-3

立人课堂教学改革对教学过程进行了全流程的重构与设计，对教学要素方面进行了持续、系统、有效的研究，研发出了包括研磨手册、学科思维工具包、可持续发展的教学评价体系等教与学支持系统，初步探索出了学校良好育人生态可持续发展的路径。

参考文献

钟启泉.课堂研究［M］.上海：华东师范大学出版社，2016.

理

论

篇

第四章

立人课堂引发的教学变革意义

"立人课堂"将布卢姆—安德森教育目标分类法和5C核心素养应用于课堂教学设计中，延展了其理论价值的应用。针对普通高中生源学校，基于"教、学、评"的一致性，构建了全学科、常态化、生态型的"立人课堂"教学范式。

第一节　立人课堂构建的价值意义

一、理论价值

"立人课堂"教学范式不是单纯围绕某一理论的延伸与演绎，不是将"教师中心"与"学生中心"对立起来，而是将"教师主导""学生主体"有机统一起来。基于实际教学需要，尊重学生的兴趣、能力，尊重教师的素养技能与价值，提出了"双轮驱动"模型和教学策略，力争教师和学生在教与学的过程中获得尽可能大的发展。

二、实践价值

基于"立人课堂"教学范式，进行了课堂教学创新。根据学科不同课型需求，采取分别以教师和学生为主体的"双轮驱动"策略，促进师生共同成长。对教学进行了全流程的重构与设计，对教学要素方面进行了持续、系统、有效的研究，研发出了包括研磨手册、学科思维工具包、可持续发展的教学评价体系等教与学支持系统。初步探索出了学校良好育人生态可持续发展的路径。

理
论
篇

第二节　立人课堂构建的现实意义

在从自觉到自然、由实践操作到思想观念、从本校探索到其他学校实践应用的推广过程中，"立人课堂"教学范式的实践探索取得了良好的效果，很大程度解决了普通生源高中学校课堂改革的痛点，实现学生、教师、学校的高质量发展。

一、促进学生的积极全面发展，"立生"于课堂

"学生学习的最终目的并不是掌握已有的知识（虽然掌握知识是必要的途径），而是能够在将来进入社会历史实践、参与社会历史实践并创造美好的未来生活。"为实现这一目的，高中阶段的学习为学生将来适应社会发展、实现自我成长打下基础则显得十分必要。除关注学生成绩，更重要的是培养学生的学习力，培养必备品格和关键能力，更好地发展核心素养。

立人课堂倡导下的灵动课堂、双轮驱动、动机激活、小组合作、思维训练、元认知评价等各个环节，全方位覆盖了学生参与学习、探究学习、合作学习、评价学习等学习全过程，为学生的全面而有个性的发展搭建了舞台。灵动课堂、双轮驱动不唯"教师中心"或"学生中心"，兼顾教与学的需要，发展能力且平衡效率。

（一）改善了学生学习动机不足，综合提升学生的学习力

立人课堂大大改善了学生学习动机不足、学习自主性较弱的问题，综合提升了学生的学习力。学习力是学生学习综合素养的重要体现。一般而言，学习力涵盖了学习动力、学习能力、实践能力、迁移能力等多方面。立人课堂注重激发学生学习动机，帮助学生建立起促进自我主动学习的一种内部启

动机制。立人课堂形式追求多样性、生成性，突出学生主体性，增强学生课程参与感、成就感，不断激发学生学习过程中的内驱力，加强学习动力。

立人课堂借助思维工具，帮助学生以图示或图示组合的方式把原本不可见的思维路径、结构、方法及策略呈现出来，实现思维的可视化。学生思维可视化的过程中，需要对所学知识高度概括和凝练，以关键词呈现，同时梳理知识前后、低阶高阶等知识间的联系，选取结构合适的思维工具，呈现知识间的逻辑关系和知识体系，能更好帮助学生对知识的理解和掌握。为学生搭建起了一个有效思考、高效学习的"脚手架"，提高了学习能力。

立人课堂注重培养学生的元认知能力，提升学生对学习过程的自我认知和感悟。着重引导强调学生对自己的知识和思维多一些责任和意识。帮助学生除了掌握"一般的学习策略之外，学生还能够用于计划、监控和调节认知的各种元认知知识。学生最终将能够使用这些策略计划认知（例如建立子目标）、监控认知（例如评估检查自己的学习过程）以及调节认知（例如重新学习理解等）"，从而更好激发学生学习的原动力，提升学习效率，增强学习正体验。

（二）立人课堂下学生的核心素养得到了落实和充分的发展

立人课堂以合作学习作为课堂主要形式，学习小组内成员水平层次、知识结构等各有特点，在合作过程中相互碰撞、相互启发，从而加深理解，产生新的认识，促进知识生成。同时研发了针对学生合作学习的系列主题研修课程，引领学生规范学习、善于合作、有效探究。在配套研磨手册中，设计有课前思考、课中深度学习材料及匹配当节课堂学习内容的核心问题等环节，引导学生独立思考，合作探究，大胆质疑，自信展示。独立思考时该如何发现问题、挖掘难点？合作时该怎样聆听、质疑、消化、吸收？展示时该如何简洁、清晰、自信表达？小组长如何在合作时调动、统筹、协调？……每一节课，每次学习，都在主张学生主动参与学习、乐于研究，培养学生提取和处理信息、得到新知识、分析和解决问题的能力，以及讨论与合作的能力。促进了学生的自主发展，进一步落实了核心素养。

五年来，学校学生在立人课堂的平台上迅速成长，在学科竞赛、素质评价、科技创新等各项活动中崭露头角，共有百余名学生在国家、省、市科技创新大赛、机器人比赛等活动中摘金夺银，高素质创新人才培养硕果累累。学生多方面增值发展指标持续提升，学生的思维能力、创新意识、合作精神等均得到了明显加强和提高，充分实现了"立人课堂"的育人价值与目标。

（三）立人课堂学生学习感悟

课堂立人

"十年树木，百年树人"，自古以来人们就认识到，"立人"从来不会是一件简单的事情，也不像它读起来的那样轻松。很幸运，在我的高中时代，我遇上了。

"立人堂"，刚步入高中时，三个硕大的字就这样砸入我的眼帘，新的学校、老师、环境，还有……新的课堂，不同于传统课堂的"排排坐"。立人课堂将学生以小组形式划分开，变成一个个小的单位，以面对组员，侧对黑板的形式体现。如果你问我，这样特殊的做法会不会引起学生的不适应而导致学习成绩下降？那么我的回答一定是"不会"。反之，如今学生也许更需要这种课堂。首先，以小组为单位，便利了你与其他小组成员的交流与讨论，更能获取除你以外组员不同的思维方式，从而促进思维拓展和学习方法的积累。比如当你遇到思维瓶颈，通过组员的不同思路，也许会让你对题目产生新的看法，从而激发自己的学习潜能，这是立人课立思维的体现。其次，与自己不同性格、行为习惯的人一同朝夕相处，一言一行都变得尤为重要，他们的言语此时更像是一面镜子，映照着自己的行为，从而改进自身品德和言行的不足，换句话说，这有利于我们将来更快地融入社会，这是立人课堂立言、立德的体现。最后，大家有着不同的志向，携手并进。组内优势互补，任何一位组员的斗志心都可以激发其他组员的斗志，这是立人课堂立行的体现。

"立德、立言、立行、立志、立人"短短几字，做起来却"难于上青天"，立人课堂能够更高效地促进学生们立人，找到最迅速地完善自己的方法，实现在课堂中立人。

立人课堂所见所感

来到八中，我接触到了一种全新的课堂——"立人课堂"，这种新型的课堂给了我深刻的印象，使我成长了许多。在立人课堂上，老师会用很多的教学方法来讲解知识点，有的很丰富，有的很幽默。老师会把每个知识点拆得刚刚好，既不会笼统忽略，又不会太详细，给我们以思考的余地。

在立人课堂上，老师会给我们很多时间让我们小组讨论，寻找问题的答案。我们讨论得很火热，集思广益，共同寻找，解决问题，再自我总结，老师来到讲台之下，给予适当的提醒与点拨，协助我们自己找到解决问题的关键。我觉得这很好，每个人都能参与进来，全神贯注，认真探讨，自我感觉学习效率提高了很多，我希望之后的学习也能如此。

在立人课堂上，我们会使用许多思维工具。思维工具有很多，气泡图、鱼骨图、思维导图等，能较好地归纳知识点，避免枯燥、杂乱，总结起来很轻松，回忆起来会很快。比如铁的两种氢氧化物——氢氧化铁与氢氧化亚铁，这两种物质用思维工具就能清楚地对比出它们的相同点与不同点。我能深刻地感觉到思维工具相对于平时做笔记的优越性，在此后我也会积极去利用思维工具协助自己学习。

通过立人课堂，我成长了不少。我学会了自己积极、主动去思考，而不是等着老师给答案；我学会了与同学们共同讨论，解决难题，感受到了团队的力量；我学会了积极利用思维工具对学习内容进行分类、归纳与总结，找到了如此高效的学习方法，并加以利用。最后，我希望学校能继续坚持这样的课堂，去更好地教学；我很期待立人课堂，希望能有幸继续参与。

二、加速学校教师专业成长，"立师"于课堂

2017年9月8日《人民日报》刊发了教育部部长陈宝生的文章《努力办好人民满意的教育》。在文章中，陈宝生部长旗帜鲜明地提出了"深化基础教育人才培养模式改革，掀起'课堂革命'"，可以说是针对基础教育课堂吹响了振聋发聩的改革号角。

（一）立人课堂极大地推动了学校教师教学的发展

新课程改革的不断推进，确实改变了不少学校的课堂现状。但新的课改理念并不容易转化为教师们的实践行为，多年传统的教学习惯，"题海"还能带来短期教学成绩的迷惑，相当部分的教师还是把"满堂灌""题海战

理

论

篇

术"作为提高考试成绩的主要方式; "课堂讨论" "合作学习"反而成了老师们口中"学生不会讨论" "课堂效率低" "无法完成教学任务"等情况的理由, "合作学习"最多还是停留在观摩课或是公开课上, 核心素养下要求培养学生的创新精神和实践能力无法真正落实。更重要的是传统课堂下的长期机械讲题、刷题等"题海教学", 使得教师会将自己的角色单纯理解为知识传递者, 缺失对教师本身的育人价值的认识和理解, 缺乏对自我持续发展和成长追求的动力, 从而会过早陷入职业倦怠的困境。

立人课堂强调合作学习, 在为教师的自我提升提供条件的同时, 要求教师不断更新教学观念、掌握更有效的教学方法。随着立人课堂的深入推进, 立人课堂倡导的新理念与现有课堂教学实际的落差会越来越大, 课堂中涌现出的新问题会越来越多, 这就需要教师不断更新理念, 优化自身专业技术水平, 迫使自我发展成长。在实际教学中, 问题真实而迫切。学习小组如何分配更合理? 如何更有效地及时反馈? 如何调动大部分同学的积极性? 如何培养学生的独立思考习惯? 如何培养学生的表达能力? 如何更有效地组织开展课堂活动? ……每一个问题的产生和解决的过程, 都是在引导教师逐步改进教学理念和行为, 引导教师更多地关注学生学习的过程, 并根据学情反馈不断调整优化教学内容和教学方法。教师在运用新方法解决课堂教学的实际问题的同时, 也就促进了自身的专业发展, 实现了教师"在课堂中成长"。

(二) 立人课堂提升了学校教师队伍的整体素养和能力

立人课堂以研磨手册为载体, 研磨手册是教师集体备课、团队合作、智慧共享的结晶。研磨手册编写要求教师理解课程理念, 熟悉课程标准, 整体把握教材编写意图及知识体系逻辑, 再结合学生情况进行整合。课中核心问题是研磨手册每课时的必备内容, 作为学生合作探究的载体, 供课堂中学生合作深入探究。但是何谓核心问题? 选取的核心问题是否真正达到"核心"的标准? 核心问题如何有层次、有梯度地呈现? 核心问题如何引导学生深入探究? 如何围绕重点、突破难点? ……研磨手册的编写过程就是教师深入理解课程、理解教材、理解学生的过程。研磨手册的内容每学年更新优化, 在促进教师持续研究的同时, 也是在促使学科教研组积累沉淀优质的教学素材。

立人课堂要求老师们以布卢姆教育目标分类法为指导, 从知识内容和认知过程两个维度进行分类，在教学计划、课堂提问、课堂活动、差异化教学和教学评价等环节广泛使用。"这是一个非常棒的工具，它具有多种用途、灵活和易操作的特点，以坚实的教育原理为基础，推动各类课程完成一个又一个挑战。"借助于分类表，教师可以更加清楚地了解教学预期目标以及目标间的关系，能够对整节课或是整个单元有更为全面的理解。教师在教学准备时，要求按知识维度和认知过程对教学内容进行区分：事实性知识、概念性知识、程序性知识、元认知知识。不同知识类别属性和认知要求，对应着课堂中教师采取不同的、更有针对性的教学方法。比如对于事实性知识，大多只是学科相应知识内容的基本要素，相对孤立，相互联系不大，这部分知识大多处于相对较低的抽象水平上，在认知层面也多属于最低的"识记"阶段。那么教师针对该知识点在课堂上可采取简单授课策略，只需要帮助学生分析知识形式、结构等特点，便于学生记忆，不必过多抽象和分析，有效提高教、学效率。程序性知识，是一系列的程序或步骤，是解决、完成一类事情的方法。对于这类知识，教师教学准备时则需要准确识别、判断，在授课时务必引领学生在完成具体题目后，进行反思、提炼、总结。以实现从一道题到一类题的跨越，从一个解法到一类方法的飞跃。分类法是教师教学的实用工具，在持续使用过程中，我们发现它正帮助教学聚焦课堂核心，提高学生素养，助力教师成长。

理
论
篇

　　课堂改革的实施主体是教师。课堂面貌的改变、教学流程的优化重建，需要高素质的教师队伍，需要教师群体从理论、理念、能力、素养等全方面的提升。同时，教师的专业发展与日常教学活动紧密相连，与课堂学习相关，课堂在带动着教师的发展。因此立人课堂也为教师专业发展提供了平台支持。

　　立人课堂的"双轮驱动"策略，在促进学生成长的同时，也驱动教师不断发展，引领教师对自己的教学实践进行分析和反思，尤其是将自己教学过程标准化、流程化、工具化，从而持续优化自己的教学，保障教育品质，促进自身的专业成长。"教师通过教研组（备课组）内外、校内校际交流等多样化途径，参与专业性很强的探究活动，同时也就获得了有助于个体专业发展的良好的群体'生态'。"学校教师专业发展水平大幅提升，五年来，参与各级各类课题研究的教师从10%提升到40%；发表论文数量在国家、省、市核心期刊中逐年翻倍增长；教师积极参与国家、省、市各类教学比赛，获奖数量比五年前增长30%；教师逐渐成长为工作室主持人、省市教学能手等。项目团队成员在两届东莞市未来课程设计大赛中荣获市二等奖与最具潜力奖。在这里，学生知识学习与能力培养、学生学习过程与品格养成、学生成长与教师发展有机融合，相互促进。

三、推动学校高质量发展，"立校"于课堂

学校的教育质量是教育价值的重要体现，也是教育成果的主要展示，它承载着国家的要求、学生的梦想、家长的期盼。学校的高质量发展则是落实立德树人、推进教育公平的重要基础前提。立人课堂坚持以人为本，"教""学"相长。它一方面推进教研模式、教学方式等方面的变革，另一方面坚持思路创新、方法创新、制度创新。其带来的理念转变、构建的相关机制、搭建的各类平台，在推动学生和教师发展的同时，为学校的高质量发展提供了立体而系统的动力和支持。

（一）立人课堂锻造出的一支优秀教师队伍，为学校的高质量发展奠定了基础

课堂教学与教师专业发展都是学校高质量发展的重要条件，能积极推动学校的整体变革与发展。教学靠的是真功夫，质量才是硬道理。提高办学质量，教师是关键。只有高水平的教师才能培养出高素质的学生，实现学校的真正高质量发展。教师优秀了，课堂出彩了，学生自然成长了，学校品质自然提升了，学校的高质量发展也就得以实现了。

立人课堂实践过程中，搭建了一系列教师施展才华的舞台。立人课堂展示研讨课、立人课堂教学设计评比、立人课堂研讨沙龙、立人课堂系列专题学习、立人课堂读书分享等形式多样的交流和研讨，形成了教师发展的基本路径和有效方法。尤其难能可贵的是，在立人课堂实践过程中，教师群体不断深入探索的勇气、不断克服困难的决心、不断自我超越的信心都逐渐成为文化自觉，成为一股积极向上的力量，一种共同拼搏的精神，促使教师队伍不断进取。

（二）立人课堂带来的管理机制的完善和创新，为学校的高质量发展提供了保障

立人课堂是在实践中不断完善和深入的。在组织上，创新成立了立人课堂工作小组，全面负责整个学校立人课堂的具体工作实施。工作小组从各个学科组选择优秀教师组成立人课堂种子教师团队。工作小组和种子教师团队热情高、意志坚、能力强，工作效果突出，极大地带动和促进了学科组和学校教师群体投入课堂研究。受此启发，工作小组后续进一步选拔了立人课堂第二批实验教师，扩大了种子教师队伍；相继组建了小组合作组、思维工具组、信息赋能组、课型研究组等多个专题研究型小组，每个小组由几位教师组成，分别就某一具体专题深入研究总结，培训推广，取得了很好的成效。这种工作思路也逐渐成为学校推进其他工作的一项机制。

立人课堂实践过程中，完善、出台了一系列的制度或指引。立人课堂建立的"磨课"制度，将"专业引领、同伴互助、自我反思"三者有机结合，为教师专业成长提供了有力的技术支持和浓厚的学习氛围。制定并完善了《立人课堂规范化实施常规听课考核方案》，为常规化的实施明确了要求。重新修订了听课记录本，引领教师课堂观察走向更加专业、立体、多元。立人课堂小组合作环节教与学规范指引、立人课堂学生展示规范表达指引等，则为师生的教与学提出了明确的规范和指引。这些措施或方案逐步成为大家共同遵守的准则，进而演变成了制度，最终成为学校教师专业发展和学生素养培养的长效机制。

理

论

篇

立人课堂教师磨课感悟

这个学期又迎来了新一轮立人课堂的教学活动，在假期里我就一直在思考如何上好这次的新教材示范课：上新教材的什么内容？使用哪种思维工具？如何将思维工具有效融入教学中？如何更好地在教学设计和课堂教学中真正培养学生的思维能力？

从上一次实验课得到的经验看，我觉得磨课是最好的一种提升方法。所以这次为了上好示范课，我又开始了新一轮的磨课：一共四节课，每节课都比上一节课有很大的变化与改进，现在我就详细地回顾这四次的变化过程。

第一次磨课

在假期里我就已经定好了上课的内容。由于上次实验课中我那节课最受大家好评的是思维工具的创新设计与运用，于是这次我的第一次教学设计就是以思维工具为中心进行的。在第一次的教学设计中，我使用了三种思维工具：气泡图、树状图、复流程图。课堂共有四个活动，其中三个都是思维工具的运用，最后一个活动则是利用前面三个思维工具分析得到的信息完成最后的综合实践。

这个设计看起来似乎很高大上，对思维工具的使用也是到了一个极致。可是等我去2班上了第一节课的时候，我发现，理想很美好，现实很残酷。看起来很有逻辑很高大上的教学设计在实际的课堂活动中却显得非常生硬枯燥。课堂被分割为一个个以思维工具套着的框子，学生在课堂上就是僵硬地完成一个又一个的活动，却不能领会老师的教学意图，也不能把信息连贯融合起来。

所以在上完这节课后，在科组老师的建议下，我进行大量的修改后，迎来了第二次磨课。

第二次磨课

在第二次的课堂上，我改变了上一次课堂的活动方式。从第一次的磨课来看，学生在课堂上完成活动的时间太长，导致最后不能留足时间进行最后的手册设计和展示。为了缩短时间，我将活动的要求写得更加清晰，把一个活动的大任务拆分为几个小部分，分别要求不同的小组完成不同的部分任务。这次的磨课我是能在有效时间完成课堂了，但是新的问题又出现了：最后的任务是要利用前面的所有信息进行综合运用，可是由于前面的任务中学生是分开完成的不同的部分，这就导致学生没法得到完整的信息，从而没法得到较为完整的结果。怎么解决这个问题？如何有效连接活动与活动？在一番思考与改动后，我的第三次磨课开始了。

第三次磨课

在这次的课堂上，我领着学生去梳理活动之间的联系，让学生在活动前就明白活动的意义，这样在学生的理解中，课堂上的活动就不是单独的独立的，而是一环扣一环，有联系有逻辑的。而且我把任务简化，这样一个小组就能单独完成任务，不需要把任务拆分，这样也为后面的综合运用打下了基础。虽然整节课上下来感觉还可以，但是评课意见中很多老师觉得我的课是"为了思维工具而思维工具"。本来思维工具是为了让学生更好地理解分析而运用的，在我的课反而却被思维工具框住了，变得僵硬、不生动了。所以，我的课还要大改！

在和鹏辉还有芳姐激烈的思维碰撞中，新的上课思路产生了。在大改过后，我的第四次磨课来了！

第四次磨课

在最后一次的磨课里，我又进行了大改，把前面的三个任务删除了两个，把三个任务融合为一个。而且本来的教学设计中是要使用三种不同的思维工具，现在我改为只使用一个。但是，在芳姐和鹏辉的指导下，我尝试创意地反向利用气泡图。原来一般老师上课使用气泡图，都是用于提炼信息点。可是我这节课把课前预习中学生完成的气泡图反向利用，用气泡图的信息点反向寻找对应的文字。这样，既对思维工具进行了深层次的挖掘，又能简化教学流程，做到更加清晰有逻辑。

实际上课

为了课堂上学生能更加直观感受思维工具的运用，我把气泡图打印为彩色图纸，把它变得可视化鲜明化。最后呈现的结果还是不错的。可是整节课还有很多的不足：前面的分析任务指令不够清晰，导致后面留给学生设计手册的时间不足；课前准备时间很短，导致我忘记提前连接好希沃授课助手；课上学生表现不够大方自信；等等。还有很多值得改进的地方。

每一次的立人课堂不仅是学生的成长，更是上课老师的收获与进步。不进则退，在新教材的洪流中，立人课堂模式将会成为老师的定心石，让我们在时代的激流中可以站稳脚跟，走在前列！

（三）立人课堂为学校的高质量发展赢得了新的机遇

课堂改革是学校发展改革的核心。"课堂教学不但是学生知识学习、道德修养的主渠道，而且对学校改革发展起着核心和统领作用。一所学校的办学质量取决于课堂教学，一所学校的改革发展也取决于课堂教学的改革发展。大量先进学校改革发展的事实证明：谁重视了课堂教学改革，谁的学校发展得就好。"

　　东莞市第八高级中学"立人课堂"范式探索引发良性的链式反应，推动着学校高速、高质量地发展。和谐、民主、平等的教学氛围，融洽、尊重、互助的师生关系，独立思考、勇于探究、追求卓越的校园精神文化，立人课堂实践初步探索出了未来学校高质量发展的有效路径，助推学校进入可持续发展的良性生态轨道。学校建校十年来先后获得广东省一级普通高中、全国国防教育特色学校、全国航空特色学校、全国科技体育试点学校、东莞市科普标兵学校等省市荣誉。面对新时代新挑战，我们更有信心在学生、教师、学校层面都得到高质量发展的状态下，在向党和人民提交了优秀的教育答卷的同时，也激励一大批同类型办学者、教育者一起来探索，让课堂更精彩！

参考文献

[1]刘月霞，郭华.深度学习：走向核心素养（理论普及读本）[M].北京：教学科学出版社，2018.

[2]洛林·W.安德森，等.布卢姆教育目标分类学（修订版）[M].蒋小平，张琴美，罗晶晶，译.北京：外语教学与研究出版社，2009.

[3]麦克·格尔森.如何在课堂中使用布卢姆教育目标分类法[M].汪然，译.北京：中国青年出版社，2019.

[4]杨小微.课堂变革中教师智慧的成长[J].中国教育学刊，2006（6）：28-30.

[5]孙春英.学校改革发展的核心是课堂教学改革[J].教书育人，2014（6）：34.

实践篇

第五章

立人课堂的建构过程

随着时代的进步，社会的发展，人才的需求的标准也会相应发生变化，而作为培育人才主阵地的课堂也要随时进行改革调整，但是课堂改革工作从来就不能一蹴而就，而是一个循序渐进的过程，不可操之过急。

第一节　课堂改革的总体思路

东莞市第八高级中学自办学以来，一直以"对每一位学生的终身发展负责"为办学宗旨，培养"具有家国情怀、科学精神、合作意识、健康自信的时代新人"。基于此，东莞市第八高级中学在新招考、新课标、新教材的改革浪潮下，不断探索实践，方向逐渐明确，思路逐步清晰，形成明确的五年改革总体思路。

基于东莞市第八高级中学普通生源的现状，聚集新教材、新课标与新高考评价体系，以培养学生核心素养为目标，开展全学科、常态化与生态型课堂教学范式的构建与实践，推进学校育人生态变革，提炼出可操作、可推广、可模块应用的品质课堂范式，从而有效促进办学质量提升。"立人课堂"范式通过模块化探索，用建模思维创建课堂范式，同时，充分激发课改教师团队的主人翁意识，通过开展专题培训和课堂实践等方式，以学生为中心，开发"多样化"学习工具包为学生"学法策略"的发展提供助力，实现全员、全学科、全要素实施推广。"立人课堂"改革实践能为东莞市第八高级中学教学管理和组织管理机制注入新意和活力，改革生态化使得教改理念深入人心，实现师与生、教与学在探索过程中发生积极转变。

实践篇

第二节　渐进式改革探索过程

东莞市第八高级中学紧跟当前国家新课程改革的步伐，结合学校的五年发展规划，从教学实际情况出发，进行全面的统筹规划，分三大阶段实施，试点先行，有序推进。

第一阶段：在学习中探索（2016年6月至2017年6月）

在课堂改革的前期，东莞市第八高级中学本着学习的心态，从教育教学理论、实际发展需要和教学经验等方面进行积极的调研和探索。

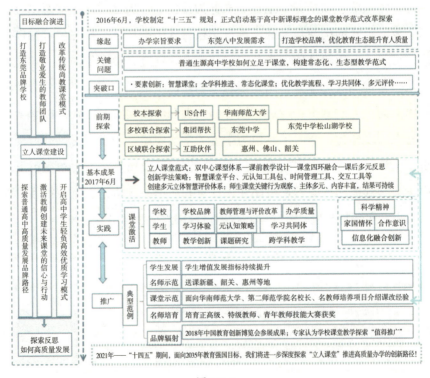

图5-2-1

（一）以先进教育理论引领课堂改革

理论指导实践，课堂改革的探索实践需要先进的教育理论支撑与指导。纵观当前学校教育改革中，各种教育理论纷呈，各类新名词陆续涌现，各式各样的新理论活跃并丰富了广大教育工作者的理论视野，但是，当今最先进的教育理念就一定是适合东莞市第八高级中学的教育理念吗？诚然，任何教育理论都有其适用的针对性和局限性，那应该选择怎样的教育理论来指导东莞市第八高级中学的课改呢？面对困惑，东莞市第八高级中学课改团队进行研讨并寻求专家帮助，有幸引入华南师范大学专家团队开展U–S合作（大学与中小学的教育合作，是指大学与中小学之间为改善学校教育教学实践，提高教师的专业发展水平而建立的关系）。合作过程中，华师专家团队充分发挥专家引领的作用，给予东莞市第八高级中学专业的指导，在深入学习教育理论的同时，进行大量的基层调研，系统梳理了契合学校实际的"四大学习理论""三大教学理论"，并把它们作为学校课改的理论"基石"。

基于三大教学理论（发展性教学理论、结构主义教学理论、TPACK教学理论）与四大学习理论（建构主义理论、人本主义理论、行为主义理论、认知主义理论），我们进行了课堂教学模式的创新，确立了"立人课堂"双轮驱动模式：以教师为主导，学生为主体的双向驱动为导向。教师根据不同课型特点，根据不同学情分析，选择不同的教学策略；学生则以学习共同体为载体，通过自主学习、小组讨论与合作学习等方式开展学习。从而促进师生共同发展，共同成长。

（二）以实际发展需要推动课堂改革

学校的发展离不开教师和学生的成长，而教师和学生的成长必然落在课堂。依据东莞市第八高级中学的办学实际，秉承"为学以真，立身以诚"的办学理念，对东莞市第八高级中学师生进行全面调研：通过对教师、学生天赋才干测试到课堂教学不同角度调查问卷，明确东莞市第八高级中学教师团队和每个学生的核心天赋才干的优劣势情况以及目前课堂教学存在的种种现象和问题；通过对全校教师开展多次新课标培训到教学改革研讨活动，结合教师自身发展实际和我校课堂教学改革的实际进行研讨和反思，让东莞市第八高级中学教师首先从思想上发生转变，对课堂教学改革有强烈的认同

实践篇

感，为积极参与课堂教学改革提供了理论支持和动力支持；从英语科组对学科核心素养视角下高中英语"慧阅读"教学范式的尝试，到数学科组对先学后教、小组合作探究的习题课教学范式进行了较为深入的实践探究，一个个科组一次次地尝试和反复实践，对如何进行课堂教学改革有了清晰的认识。在全面调研的开展下，东莞市第八高级中学逐步推进各学科对"课改目标""学生""学情"进行"再认识"，学科内优化课堂教学环节的课改探索更是常态，同时，我们还进行激活学生学习体验的课改探索。在这一系列脚踏实地的探索过程中，东莞市第八高级中学夯实了课改师资基础，优化了课改制度，营造了课改氛围。课堂生态，正在积极地发生变化。

（三）以先进优秀教学经验引领课堂改革

我国新课程改革已有二十几年，但对于办学不到十年的年轻学校来说，课改才刚刚开始。我们可以站在"巨人的肩膀"上，充分利用东莞中学松山湖学校协办契机，引进东莞市各类名师对东莞市第八高级中学开展课堂诊断、教师研训。同时，积极走进不同名校学习交流课堂教学经验，通过在广州中学、中山华侨中学、深圳中学等数十所名校的听课、交流、反思与研讨，东莞市第八高级中学总结出各大名校优秀课堂教学的共性，同时也在寻找东莞市第八高级中学的个性，确立了以学习共同体为载体，培养学生思维能力为着力点，注重可持续评价为重点的基本思路。

2017年6月，在理论与实践反复验证下，东莞市第八高级中学初步形成了全学科、生态型"立人课堂"教学范式。

第二阶段：在实践中发展（2017年9月至2021年）

形成了初步的"立人课堂"范式后，东莞市第八高级中学全面梳理各学科、各年级开展的课改经验，组成由各学科课改先锋教师组成的校级课改创研微群，全面深入开展"立人课堂"教学范式"建模"改革探索。

（一）"立人课堂"教学范式的发展与完善

新生的教学范式在运用的过程中，存在学科特点体现不够灵活的现象，因此，我们通过构建"通用基本范式"与"学科个性范式"相结合，把立人课堂教学范式与各学科特色灵动融合，进一步促进课堂教学环节的优化。教师和学生是立人课堂教学范式实施的主体，在教师层面，利用课题引领来提升东莞市第八高级中学青年教师专业化水平，2019年东莞市第八高级中学广东省教育科学"十二五"规划课题"新办高中学校青年教师专业化发展的实践研究"结题，并获得"优秀"等级，2020年东莞市第八高级中学共有四个与课堂改革相关的省级课题与九个市级课题开题。学校浓厚的教研氛围，教师教研意识和教研水平的逐步提升，是课堂改革发展和完善的强大推力。在学生层面，用专家引领、调查问卷与访谈、学习方法指导、校本课程开发与活动培训等方式，为学生提供适切的学习工具包，提供学习方法路径，从而提高学生的学习力。在实际操作过程中，我们在体制机制、师生评价机制、教学管理等方面进行创新，构建出生态型学校教学平台，充分助推教学改革的良性发展。

四年来，东莞市第八高级中学通过多次开展"立人课堂"研讨课、示范课等课程展示活动，上课教师课后根据评课系统进行反思总结，相互交流研讨，并且通过学术委员会讨论、科组长反复研讨、专家指引，对教学范式进行修改完善；同时通过学生调查问卷与教师调查问卷，寻找教学范式具体实施过程中存在的问题，再针对性地进行修改完善，再次通过研讨课来尝试修改后的课堂范式。在反复三轮大型学校"立人课堂"研讨示范课的实践检验下，不断完善和发展了"立人课堂"教学范式建构。

（二）全学科推动"立人课堂"常态化开展

为保障"常态化"全学科课改的推进，东莞市第八高级中学以注重思想引领、完善流程和落实细节等方式来开展。通过校长在全校大会上的动员、常态化实施方案出台、教学研讨沙龙定期规范开展，从思想上动员和引领"立人课堂"实施的常态化；进一步落实校级以上公开课采用"立人课堂"教学范式规范化，加强公开课相关材料审核，充分开发和利用好"立人课堂"教学范式，鼓励各科组探索适合本学科"立人课堂"不同课型公开课开展，在"立人课堂"常规化的细节方面加以落实，其中包括教师听课本、教案本等重新设计，探索建立"立人课堂"常态化实施教师考评机制与评选"立人课堂"常态化实施优秀教师等。同时，定期组建专家评课团队实行推门听课评课、及时反馈，以助常规化课堂的递进式发展。

实
践
篇

通过全校开展"立人课堂"常态化实施，使课堂改革落到日常教学的实处，全学科、常态化地实施，能直接反映教学效果，有效地推动"立人课堂"教学范式的发展和完善。

（三）信息技术深度融合课堂教学改革

东莞市第八高级中学结合TPACK理论，通过升级教学环境中的软硬件的配置，整合教学资源，改善教与学。在课前，教师通过智学网、学科网、各种学科APP对学生进行学情分析、学习个性化分析，从而实现精准教学。在课中，引导师生积极"利用技术"进行更新和改进课堂，使其更适合常态化教学，形成战斗力，信息技术赋能下的课堂更具活力。在课后，多利用网上评价平台，让教学评价多元立体智慧化。与此同时，东莞市第八高级中学以省级智慧课堂研究课题带动，探索信息技术支持下的"智慧课改"模式。实践教师通过反复"磨课"、研讨、反思等逐步形成具有东莞市第八高级中学特色的信息技术赋能下学科教学范式。

此外，得益于课堂教学改革的推进，2020年9月，东莞市第八高级中学通过竞争性评审成为东莞市高中唯一一所东莞市第八高级中学广东省教师信息技术应用能力提升工程2.0试点校。

第三阶段：在推广中升华（2018年1月至2021年）

学校"立人课堂"范式在一次次研讨探索中逐渐完善，又在一次次的实践推广中完成升华，充满着多样化创新。

（一）专家团队指导"立人课堂"范式探索，汲取宝贵的意见与经验

专家团队的指导在"立人课堂"范式的整个建构过程中起着十分重要的引领作用，也是"立人课堂"范式得以推广的检验石。华南师范大学廖文博士及其团队，从课堂改革之初范式的构建到现在范式的推广，每个阶段都给予东莞市第八高级中学专业的指导和宝贵的建议。2019年6月，东莞市第八高级中学与华南师范大学赵萍教师教育专家工作室合作，赵教授的团队屡次来校，重点与东莞市第八高级中学交流思维课堂的相关理论，为东莞市第八高级中学的"立人课堂"在思维可视化的路径提供了重要的帮助。首都师范大学专家来东莞市第八高级中学听课评课后，就"思维工具的使用与思维能力

的提升如何更紧密地结合"等问题进行现场指导，他指出："在新教材的大背景下，我们要善于利用思维工具和现代教育技术，熟悉并严格遵守新教学范式，从而确保教学效果的最大化。"2020年12月23日，广东省、市教育信息化专家莅临东莞市第八高级中学，针对东莞市第八高级中学"立足课堂，整校推进"的教师信息技术应用能力提升工程2.0试点校的相关工作进行调研指导，对东莞市第八高级中学的"立人课堂"模式给予了充分的肯定。

为深入推进东莞市第八高级中学"立人课堂"教学改革，实现打造品质教育品牌目标，东莞市第八高级中学还进行了为期四天的研讨课对外展示活动，邀请了华南师范大学廖文博士、赵萍教授，东莞市教研室柴松方副主任以及九大学科的教研员前来指导。这次活动东莞市第八高级中学还系统地介绍了整个"立人课堂"教学范式的构建和实施，专家们给予了多方面的肯定，同时也提出了宝贵的意见。有了这些专家团队的检验，东莞市第八高级中学课改之路越发清晰，课改的动力和信心越发充足。

（二）打破"封闭式"的研究传统，大胆开展跨区域的学校协同研究

在课堂改革的实践与推广过程中，东莞市第八高级中学还坚持引进来、走出去，打破"封闭式"研究传统，开展跨区域协同研究。积极参与东莞市内不同学校的同课异构，比如和东莞七中、塘厦中学、麻涌中学等同等次学校的沟通与交流，帮我们找到了普通生源高中学校开展课堂改革困难的共性。坚持每年与兄弟援助学校韶关曲江中学的送课，让我们感受到开展课堂改革的优势。多次与汕头、惠州、佛山等不同学校的交流，协助我们从不同层次改良课堂。首次尝试与新疆维吾尔自治区等省外学校老师的线上同课异构，帮助我们了解课堂改革的重要性。除此之外，2019年7月，东莞市第八高级中学在华南师范大学赵萍教师教育专家工作室指导下，成为"高中数学思维发展型课堂实验学校"。赵教授通过开展"一生一优课"研课项目，带领华南师范大学的研究生与东莞市第八高级中学教师同课异构，为东莞市第八高级中学的课堂改革提供了新助力。

在专家与同行的不断引领下，东莞市第八高级中学"立人课堂"范式不断改良，由原来的模仿到现在的有所思考、有所探索，到逐步走向成熟，共育可覆盖全学科并能常态化运行的创新课堂改革范式，小步快跑、循序渐进

地走出了一条自己的探索、实践、创新的课堂改革之路。基于课堂改革的推进，促进"五育融合"，链式激活东莞市第八高级中学育人生态的优化，大大提升育人质量。

参考文献

张景斌. 大学与中小学的伙伴协作：动因、经验与反思［J］. 教育研究，2008（3）.

第
六
章

立人课堂的生态建构

良性的学校教育生态环境是进行生态型课堂改革的必备环境，生态型的课堂将推进良性的学校教育生态。

第一节　教育生态视域下的学校变革

本书在第一章谈到了"立人课堂"与"生态课堂"的关系，立人课堂是生态型的课堂，注重课堂中各主体与各个系统要素之间的关系，充分发挥学生与教师双主体的作用，注重课堂本身的生态性和可持续发展性。本章主要讲到的是在狭义范围内，课堂改革在学校这一生态体系中，如何通过优化学校教育生态来促进课堂改革的良性发展。简单来说，生态型课堂是良性教育生态下学校变革的主阵地。两者的关系是相互统一和互相促进的。

一、学校变革的生态化

学校教育生态即一所学校生存与发展的状态。我国学者于20世纪80年代末90年代初开始对教育生态学进行研究。1990年吴鼎福、诸文蔚出版的《教育生态学》是我国第一部教育生态学著作，以后关于"教育生态"研究的著作及论文陆续问世。所谓教育生态观就是借用了"生态"这一术语，是生态平衡与生态和谐概念在教育上的移植、借用，它强调运用生态学原理和法则来思考、理解、解释复杂的教育问题，是以生态的方式来开展教育理论研究与实践的理念，其强调教育要以人为本，教育要促进人的全面、可持续发展，强调教育的持久性、连续性、可再生性发展。生态化在生物学上的意义是生态的一种发展趋势，它使生物朝着各类多样化、营养结构复杂化和功能完善化方向发展，直至使生态中的能量流动和物质循环能较长时期地保持动态平衡，即生态中的生产者、消费者和分解者之间建立起相互制约又相互协调的关系，从而使生态的结构和功能呈现出一种持久的动态平衡。

生态化的过程就是校正对生态平衡的破坏而做的努力的过程，旨在使事物充分自由地、具有个性地、充满活力地、健康茁壮地、和谐持续地成长与发展。随着时代的发展和教育变革的深入开展，学校需要通过变革促进自身的发展，特别是公办性质的中小学学校。回顾学校的发展史，每一次真正意义上的学校变革，都是学校的一次转型，是学校教育生态的一次重构，是师生生存方式的一次转变。而学校的变革发展必然要对传统的教育发展理念、模式、制度、方法进行调整，要用生态化的标准来重新衡量和评价。教育生态重建变革中人的维度，要求改善师生的生存状况，使其由被动消极的生存向主动积极的生存转化，由自在的生存向自觉的生存转化，这既是学校变革的出发点，也是学校变革的最终归宿。

学校是教育生态系统中的一个子系统。学校生态，其广义指以学校为主体，学校与社会、社区、家长等相互作用和联系。本书主要是探讨学校内部生态的优化促进学校课堂改革的发展，使学校的各种资源达成一种生态平衡的发展状态。从学校生态系统的构成要素来分，学校内部生态系统主要包括物质环境、人文环境、规范环境。

学校的物质环境主要指的是学校的自然环境，包括学校建筑、学校绿化环境与学校校园布局等。学校建筑与工作、学习、生活于其中的人存在着各种各样的联系，并对人们的工作、学习和生活产生影响。学校以自然美的景观来陶冶师生的性情和塑造学生美的心灵。苏霍姆林斯基说过，要让学校的每一面墙壁都会说话，因为隐性课程乃是一种真正的道德教育课程，是一种比其他任何正式课程更有影响的课程。学校建筑的命名是学校生态文化中重要的一部分。在建校之初，学校将教学楼命名为立人堂，将立德树人作为学校的价值追求。因此，立人课堂改革是适应学校办校初心的，同时在心理层面也能让学生及教师更快接受与适应的。

学校的人文环境，包括校训、校标、校歌、校风、校规等整个学校人文形象，也包括教风、学风等以教师和学生为主体的学校文化形态。教风是指学校在教学精神、教学态度和教学方法等方面形成的长期的、稳定的教育教学风气。它是以教师为主体的一种学校精神现象和文化状况，是教师队伍在道德、才学、作风、素养、治教等方面的集中体现，表现为教师形象、教师行为、教师人格、教师权威、教师体态语言等。学风在这里主要指以学生为主

实
践
篇

体的学生文化状况，包括学生学习风气、班级文化、社团文化、寝室文化等。

学校的规范环境，主要包括学校的各项行为规范和制度，是学校成员在教学过程中所形成和持有的态度、风气和观念等，是一种精神环境和价值环境的重要体现。学校制度规范是学校正常教育、教学工作得以顺利进行的重要条件和保证，良性的学校制度规范，有利于增进学校人员之间的交往与合作，激发教师、学生的生命活力，使其迈向审美、自由、创造、积极主动的生存方式。因而，学校的规范制度是学校变革的重要构成要素。学校的规范环境主要包括教师教学制度、学生行为规范和规章制度、安全管理制度、食品卫生制度等以及各种教育法令法规。

在以人为本的柔性管理的今天，以人为主体的学校，其管理制度也自然转向了以人为本的管理体制，提出了以师为本、以生为本的规章制度来规范约束学校的人和事。只有在充分体现了以人为本的管理理论指导下，学校变革才能营造出和谐的气氛。也只有在这种充满和谐的气氛中，才能充分发挥人的主观能动性和激发出内在的潜能，学校制度才会在这种不断激发潜能中得以创新，助力课堂改革，从而推动学校的发展。

二、学校变革生态化的基本措施

第一，要对学校发展进行生态化规划，其规划的发展目标及其实施其规划的过程都应从生态的角度出发进行思考。

第二，学校发展需要科学有效的学校体制机制，以适应社会发展的要求，以创新学校管理机制为主旨，建立人性化的制度文化，为学校生态发展创建良好的环境氛围。再者，还应注重学校文化的建设，创建和谐的校园文化，建设学生全面发展的课程文化，重点变革学校教学工作的主阵地——课堂教学，加强素质教育。

第三，教师是学校变革的主力军和重要主体。广大教师的素质与工作积极性、主动性和创造性，直接影响学校发展规划目标的达成度。从某种意义上讲，好的教风是一个学校崇高的精神旗帜，它对学生可以起到熏陶、激励和潜移默化的教育作用，是一个学校生存和持续发展的不竭动力之源。营造好的教风，提升教师工作积极性是学校变革发展的重要举措。学校是教师工作的场所，也是教师发展、生活的场所，作为学校重要人力资源的教师希望得到专业发展，生活自由、充实和愉快，体验积极的生存价值与较高的生命质量，需要不断地学习新知识，不断地开展教育科研，实现教学创新，让学生真正生成知识。因此，激发教师积极性、主动性和创造性是学校人力资源管理的重点，充分调动教师潜在的智力、体力和情感，以实现人力资本的提升，为学校发展提供人力支持。

第四，学生是学校变革的主体，充分发挥学生的主人翁意识，创设思考、创新、积极与和谐的学习风气，为学生的终身发展负责，是学校发展的核心。积极的学习风气会促进所有的学生学习成绩的提高，从而有利于课堂教学改革的推进，对学校发展具有积极的意义。

参考文献

[1] 易凌峰，李伟涛. 现代学校人力资源管理 [M]. 天津：天津教育出版社，2006.

[2] 赖俊明. 试论人力资源管理理论在学校发展中的作用 [J]. 管理科学文摘，2007（10）：61-62.

[3] 罗慧，王丽萍. 基于高校人力资本特点的管理机制 [J]. 西南科技大学学报（哲学社会科学版），2005（3）：77-79.

实
践
篇

第二节　立人课堂改革的生态路径

教育生态观既是一种教育理念，也是一种教育实施策略，它是一种系统观、整体观、联系观、和谐观下的教育观，其目标是促进人的全面发展，其实质是把教育发展看作全面的、系统的、协调的和可持续的发展过程。

以教育生态观为指导，立人课堂改革一直在探索普通高中学校课堂改革的生态路径。在教学改革实践过程中，立人课堂改革通过对体制机制优化、教学管理创新、教师发展机制完善化与学生发展指导体系化这四个方面的创新，让所有的学科都"动起来"，所有的老师都"用起来"，所有的学生都"学起来"，保障学生得以在足够强度的课改氛围中"适应—悦纳—发展"，实现学校办学生态全方位优化，对于普通生源高中学校课堂改革具有可复制性、可借鉴性。

一、体制机制优化

学校制度文化是管理机制建设的保障。学校在优化教育生态中，依据自身特点，修改完善包括学校颁布实施的教职工管理制度、师生行为准则、激励措施、学生发展指导规则等一系列规章制度。这是调整学校内部矛盾，教师与学生、学校与社会之间关系的总和，是对学生的培养目标和发展方向的进一步规定和具体要求。

（一）愿景规划化

迈克尔·富兰说："教师是教育变革和社会进步的动力。这听起来像大话，但不是。"学校课堂变革的基础是教师的发展，课堂变革的动力源自教师发展动力。成员的发展动力，部分源自个人愿景与个人对现实认识之间的"创造性张力"。共同愿景对学习型组织是至关重要的，因为它为学习提供了焦点和能量。激发教师的变革动力，使学校向共同愿景迈进。但愿景更多是抽象的共同理想，将抽象的内容转化为具体目标，制定阶段的学校发展规划是课堂改革的保证，也是学校发展的指南和纲领。正所谓"先谋后事者昌，先事后谋者亡"。学校发展是以追求学校发展为核心的，规划是为学校发展服务的，根据了解学校自身的优劣、机会与威胁，制定"十三五"规划，提前为学校的变革指明方向。

东莞市第八高级中学五年发展规划（2016—2020年）

学校办学特色优势还要进一步凸显。教学管理还要进一步完善，具有学校特色的教育教学模式还未真正形成，学校的科技实践特色优势还不够明显，支撑学校特色形成发展的投入支持和激励机制还不够完善，对学校办学特色的总结提升还不够。

开展走班制和选修课等教学管理改革工作，探索并逐步完善走班制、分层教学、学生选老师制度，深入推进以启迪思考、扩宽思维、激荡思想为特色的"立人课堂"工作，整体提升课堂教学质量，切实转变教学方式。推行启发式、探究式、讨论式、参与式教学方式；以高效课堂与智慧课堂建设为契机，积极探索从预习、上课、作业、复习、评价各个环节培养学生的自主学习能力的"立人"教学模型，总结有效、高效教学的新路径；提炼出符合我校学情的学科教学方法策略体系，完善和建立健全课程教学管理制度和教学质量测评、分析与改进机制，力争通过以上措施，使学生综合素质进一步提升，五年内使学校高考本科率达60%以上，综合教学成绩进入东莞第二方阵学校前列、接近第一方阵水平。

（二）制度人性化

建立以人为本的制度文化是指建立的制度要体现人性化。一切制度的制定要体现以人为本的理念。有关教师的制度要以教师为本，有关学生的制度要以生为本。以人为本的理念就是要以人的生理和心理特征为出发点，充分考虑人的需求心理。制度制定始终围绕促进人的发展来运作，着眼于人的持续发展，把每个成员的个体智慧最大限度地加以开发与整合。按照规范的对象，分别进行学校教学科研制度文化、人事制度文化、学生教育制度文化、学校管理者制度文化的建设，从而建立起一种"民主、和谐、科学、高效"的制度文化。

学校为保证课堂改革的顺利开展，建立了培训制度，通过课堂改革的理念与技术培训，形成良性的教育培训生态，进而促进和保障立人课堂改革的有效开展。为了对课堂改革建设进行具体指导，建立课堂构建的指导制度，就具体、关键环节进行规范，有利于课堂改革的整体推进。

学校在制定听课评价指标时，根据常规化开展的不同阶段，教师对课堂改革形式了解的程度和接受的程度的不同，制定不同的评价制度。这充分体现了制度的灵活度与人性化，不搞"一刀切"，不僵化、不死板的评价制度，帮助教师能更快更好地接受课堂改革理念，能更好地运用立人课堂模式。

实
践
篇

以下是立人课堂改革过程中常规课听课的反馈〔2020年（见表6-2-1）与 2021年（见表6-2-2）〕。

表6-2-1

东莞市第八高级中学"立人课堂" 常规化听课反馈表					
听课时间 班级	2020年＿＿月＿＿日　第＿＿＿周　星期＿＿＿　第＿＿＿节　高＿＿＿班				
课题		授课教师		课型	
立人课堂教学必备环节的落实	合作探究活动（20分）	学生使用思维工具（20分）	教师精讲（不超过30分钟）（20分）	个人内化（10分）	小结得分（70分）
课堂呈现效果	（课堂内课堂效果呈现；学生状态观察；教师个人课堂魅力或学生学习效果等进行评价）				得分（30分）
备注		总分： 听课老师签名：			

表6-2-2

东莞市第八高级中学"立人课堂"
规范化实施常规课听课反馈表

时间班级	2021年___月___日　第___周　星期___　第___节　高___班					
课题			授课教师		课型	
	教师			学生		
	教师精讲（10分）	指导学生使用思维工具进行个人内化（10分）	规范有序组织合作探究活动（20分）	学生上课专注度与参与度（20分）	规范有序小组合作（10分）	课堂表达规范（10分）	小计得分
课堂过程性评价（80分）	教师讲课时间≤30分钟得分为8分以上；相反则为4—7分	① 学生使用思维工具5分；② 个人内化5分	① 没有讨论0分；② 有讨论12分；③ 规范讨论16分以上	① 专注度10分；② 参与度10分	根据课堂情况而定	① 有学生规范表达6分以上；② 没有规范表达3—5分	
	说明： 1. 每项填具体分值。得分在80%以上该项即为优秀，得分在60%—80%为良好，60%以下为有待提高。 2. 主要考核指标在于规范化课堂组织形式，具体规范操作参看《"立人课堂"小组合作环节教与学规范指引》《"立人课堂"课堂学生展示语言规范指引》						
课堂呈现效果（20分）	（课堂内课堂效果呈现；教师个人课堂魅力或学生学习效果等进行评价）				得分（20分）	
备注	【等级评价】 80分以上为优秀，60—80分为良好；60分以下为有待提高		总分： 等级： 听课老师签名：			
	① 听完课后，听课老师请填写纸质反馈表格（交给组长，组长收集后交教务室），同步扫码提交电子版； ② 组长收集汇总形成小组总体反馈意见（Word），上传FTP； ③ 组长在第二天内将整体意见（Word）反馈给被听课教师； ④ 备课组长在第二天内向被听课教师反馈改进意见					

实
践
篇

（三）反馈常规化

立人课堂改革的过程当中，建立有效和常规化的反馈制度能有效缓解课堂改革抵制思想，寻找到课堂改革过程中的不足与问题，得到及时的反馈。

首先，在反馈机制中遵循"以学评教"原则。为有效地引领教师的教学理念，给他们提供有价值的教学策略。学校对课堂教学管理的关注度和对教师专业的引领程度决定着学校课堂教学改革的发展状态和最终结果。"以学评教"是学校与教师相互合作，共同商讨、共同提升的课堂教学反馈指导思想。它是对学生学习和教师教学过程双向视角的研究。学校反馈目的和教师的教学目的都是为学生学习服务。因此，教学管理者的反馈过程应以学生学习为研讨对象，将学生的学习维度作为课堂改进的指标取向，通过课堂教学反馈加深对学生学习规律和教师课堂教学实践的认识，而教师通过课堂教学反馈提升自己对课堂教学的认识和自身教学技能的提升。

其次，树立反馈服务意识，提高课堂教学反馈的可接受性。陈向明教授认为传统的教师专业发展概念将教师预设为有"缺陷"的人。教师发展被看作是需要"按照事先制定的标准，通过集中培训的方式"，不断补充固定知识的过程。她提倡教师的"专业学习"，倾向于理解教师，希望教师专业发展成为从"教师真实的学习体验出发"，针对教师工作中的具体问题"共同建构知识的过程"。教师是一个特殊的群体，他们思想丰富，是追求自我实现的一个群体。积极心理学的研究认为许多人的"习得性无助感"导致了他们主观上的不努力。教学管理者应帮助教师突破自我封闭的课堂怪圈，寻找课堂教学中的幸福感，帮助教师体味"授人以渔""手留余香"的乐趣。教学管理者应鼓励教师参与课堂的反馈过程，进行"平等对话"，让教师实现自我的价值意义。

最后，立人课堂的反馈机制主要通过听课当天反馈、阶段反馈等，有当面反馈，也有问卷调查反馈。每一个反馈都有流程、有结果，这样的反馈机制使课堂改革的运转更加流畅、效果更加明显。

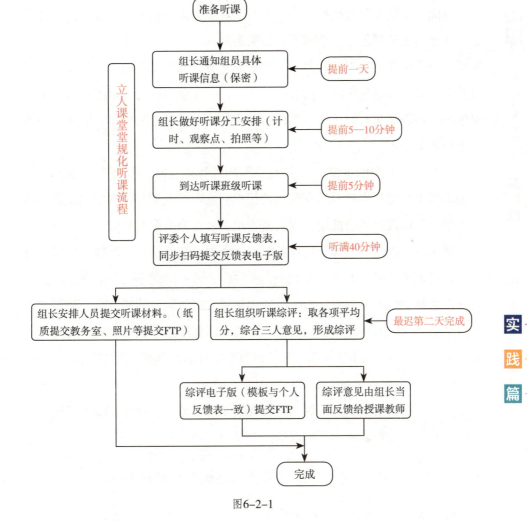

图6-2-1

二、教学管理创新

现代管理的真谛在于发挥人的价值，发掘人的潜能，发展人的个性，尤其在倡导以人的发展为本的时代，学校管理更应当最大限度地发挥教职员工的积极性、主动性和创造性，让全体教职员工全心全意为学生提供优质的服务，真正提高教育教学的实效。

（一）树立课改意识

学校变革，总要或多或少、或深或浅地改变学校教师的教育行为方式、教育观念和信念、思维方式、价值取向、世界观以及学校教师彼此之间关系。因此，学校变革对教师而言，是一个从熟悉走向陌生的过程。这个过程虽然能够满足教师创造求新需要，但更多时候，"人们对变革的抵触与反抗情绪，很大程度上，可能就是人们对必须放弃自己喜欢做的事情和那些驾轻就熟的做事方法而显露出来的悲伤之情"。"马斯洛认为，试图寻求安全与保障……还表现在人们通常更偏向于熟悉的而不是陌生的事物、已知的而不是未知的事物。"

面对不同类型的抵制，我们需要不同的管理策略。管理盲目的抵制，我们需要增加变革实施者的安全感，让他们意识到变革并没有他们想象的那么可怕。管理政治性的抵制，我们需要用更有价值的东西换取他们认为将要失去的东西，也可以引导他们放远眼光，争取长期价值。"教师可以维持现状，以寻求短时间的太平，却会因为用过时、陈旧的竞争性方法和个人主义方法来教育学生而永远面临失败。教师也可以经历短时间的风险，但能够长期成功地培养面向现代社会的学生。"管理意识形态的抵制，我们规范和再教育的变革策略，以事实呈现和价值说服来化解他们内部的抵制情绪。

（二）完善课改建设团队

为了规范课堂改革的开展，在管理层面进行整校推进课堂改革工作。立人课堂改革首先成立建设团队，明晰权责，整校推进。

关于成立"立人课堂"建设团队的通知

一、成立"立人课堂"建设团队

（一）领导小组

组长：黎灼辉

副组长：蒋美衡

组员：李鸿艳　黄文俊　张尚印　蒋显平

（二）学术指导小组

学术委员会、学科组长。

（三）工作小组

组长：曾鹏辉

副组长：蔡伟兰　杨婷君

组员：

第一批实验教师：付友珺　石艳　赖司其　陈佩斯　张海欣　刘浩然　温晓丽　李紫燕　周虹利

第二批实验教师：向敏杰　黄熙　王依雯　廖嘉卿　肖园园　宋丹　黄佳婷　张军太　黄华华　黄佳玲　曾祥欣　余思钰　张嘉文

二、组织机构的职责

（一）领导小组的职责

1. 对"立人课堂"建设负有直接领导责任，负责"立人课堂"建设的组织管理、思想建设指导。

2. 负责"立人课堂"建设的师资调配、师资培训。

3. 负责"立人课堂"建设的物质资源安排调配。

（二）学术指导小组职责

1. 参与"立人课堂"建设方案制定，为课改提供指导意见。

2. 对课改实验老师给予帮助和指导。

3. 对课改实验课进行点评、推广的责任。

（三）工作小组的职责

1. 负责"立人课堂"建设课改实验骨干教师团队管理。

2. 负责"立人课堂"建设课改实验计划和方案制定、工作小结和总结。

3. 负责组织"立人课堂"建设的课堂教学听课、评课等研究。

4. 负责"立人课堂"建设的教改课、示范课、优质课以及有关经验的推介。

"立人课堂"建设团队的成立，为立人课堂改革提供了管理制度上的保证，也提供了人才储备，意味着"立人课堂"教学模式的改革实践在我校全面铺开。实践探索在建设团队指导组织下和实验种子教师的示范引领下有序地展开，带动全体教师的成长，为学校建设一支充满竞争力且凝聚力强的优秀团队。

（三）设立课改专题化团队

随着课堂改革的不断铺开，需要细化课堂改革工作。通过成立专题研究小组，深化"立人课堂"必备环节及学科课型细化研究，充分发挥"立人课

实
践
篇

堂"实验骨干教师示范作用，不仅有利于充分发挥教师优势特长，更是对课堂改革所必备的补充。通过发挥教师的个性特长，将更好地发挥课堂改革团队的辐射与辅助作用。

表6-2-3

	任务	任务要求
共同任务	专题研讨沙龙至少1次	每个专题小组需各自举办至少一次专题研讨沙龙。上阶段的研讨沙龙主要是侧重初步形式的探讨，本阶段"立人课堂"研讨沙龙主要侧重于研讨沙龙的规范化。规范化包括形式多样化探索、内容分专题。
小组合作组	① 完善小组合作学习组建的相关制度与流程，开展针对教师与学生的小组合作学习的培训； ② 明确小组合作学习对学生的培养目标以及培养的途径；	2020—2021年第二学期立人课堂 小组合作学习工作计划 王依雯 一、小组成员 组长：王依雯 组员：蔡伟兰、赖司其、向敏杰、黄熙、张军太、肖园园、宋丹 二、主要任务 1. 完善小组合作学习组建的相关制度与流程，开展针对教师与学生的小组合作学习的培训； 2. 明确小组合作学习对学生的培养目标以及培养的途径； 3. 制定学生参加小组合作学习的标准流程以及规范步骤（立人课堂实验老师）； 4. 初步建立科学的小组合作学习评价机制、学生素养能力发展评价指标 三、实施安排

板块		内容	负责人	时间	预期成果
教师学生培训	班主任培训	科学分组	王依雯	2021年2月—2021年4月	1. PPT、Word等文件 2. 照片、视频
		小组的有效评价			
		小组的德育功能			
	学生培训	课堂展示培训	宋丹	2021年3月—2021年5月	1. PPT、Word等文件 2. 照片、视频
		小组长进行培训			
		组织有效讨论培训			
		相关书籍的提供			
	科任老师	组织课堂的有效的讨论		2021年3月—2021年7月	1. PPT、Word等文件 2. 照片、视频
		项目化学习			

任务		任务要求				

小组合作组	③制定学生参加小组合作学习的标准流程以及规范步骤（立人课堂实验老师）	板块	内容	负责人	时间	预期成果
		学生培养	1. 学生的领导力	黄熙、赖司其	2021年3月31日制定出初步方案 2021年4月—2021年6月活动的执行	1. 活动方案 2. 照片、视频 3. 作品展示
			2. 学生的发散思维			
			3. 学生的归纳能力			
			4. 学生的表达能力			
		小组合作学习制度	1. 小组合作的固定流程	肖园园、向敏杰	2021年3月31日前	1. Word、PPT 2. 沙龙的照片以及视频
			2. 组织立人课堂实验老师进行讨论，头脑风暴		2021年4月1日—2021年4月15日	
			3. 形成小组合作学习制度		2021年5月10日前	
		小组合作评价机制	1. 对实验课程进行分析，提出初步的评价机制	张军太、王依雯	2021年3月31日前	1. Word、PPT 2. 讨论的照片以及视频
			2. 同科组长商量，针对不同的科目、不同的课型对评价机制进行修改		2021年4月1日—2021年4月15日	
			3. 综合九科，总结出评价机制		2021年5月10日前	
思维工具组	①第二届学生思维王者争霸赛； ②收集整理高中学科思维工具包； ③高中学生思维工具整理； ④整理表彰学科使用思维工具优秀的高一学生名单	①第二届学生思维王者争霸赛 负责人：廖嘉卿、温晓丽 主题：待定（可考虑与十周年校庆相关内容。给几段材料，让学生用思维工具图展示小组的理解） 时间：初定期中考试后第二周 形式：现场比赛形式（小组形式） ②收集整理高中学科思维工具包〔共性，通用，沙龙（实验老师，科组长）后讲座〕 负责人：黄华华、杨婷君（文科）；黄佳玲、李正娣（理科） 时间：5月 ③高中学生思维工具整理（做慕课：基础版+进阶版） 负责人：杨婷君 时间：6月前 ④整理表彰学科使用思维工具优秀的高一学生名单 （班主任传达各班学生保留平时的思维工具材料，期中、期末上交评优） 负责人：曾祥欣				

实
践
篇

左侧竖排文字：立人课堂——核心素养视域下高中课堂范式的构建与实践

	任务	任务要求
宣传推广组	配合其他小组活动，讲好台前幕后故事	① 推文文稿写作：友珺、春燕； 图文编辑：佳婷、佩斯 ② 微视频制作 负责人：佳婷、佩斯 （佳婷和佩斯综合课题组活动，自选主题，制作一个微视频，主要方向为：讲述幕后故事、体现课题组成员的团结协作、在课题组活动中的成长心得等，也可以是学生小组合作和展示的精彩瞬间。友珺和春燕配合提供文字支持）
信息技术赋能组	① 信息化培训； ② 信息化常规	① 组织全体教师信息化培训 3月1日—3月12日：制定培训方案，确定培训内容、对象、时间、地点等（余思钰、李谕昌） 3月15日：小组长开会，确定最终方案，由小组长通知成员做好培训准备（余思钰） 3月16日：发布最终培训课程表至QQ群（余思钰） 3月17日：做好培训签到表、横幅（张嘉文） 3月19日：培训开始 每次培训做好签到记录（张嘉文） 拍照（大合照、过程照）、录视频，打包发给宣传组（张海欣） 4月15日：材料整理，发至FTP（李紫燕） ② 信息化常规 a. 收集"立人课堂"学生评价反馈表 b. 将"立人课堂"学生评价数据反馈给教师，让教师做进一步自我评价与反思
数据统计分析组	① 调查问卷设计与数据统计； ② 资料整理与上传； ③ 专题沙龙及微专题分享	① 调查问卷设计与数据统计 a. 问卷设计负责人：周虹利 设计"立人课堂"相关调查问卷（如常规化落实反馈、学生自评反馈、小组合作反馈等） b. 数据统计负责人：徐帆 对问卷结果进行分析统计，根据数据反馈提出相关建议和具体措施，让学生和教师的反馈得到落实 ② 资料整理与上传（负责人：周虹利） 将"立人课堂"相关纸质材料整理并储存于学术委员会办公室 按时间线收集"立人课堂"相关视频、照片、电子材料等上传学校FTP ③ 专题沙龙及微专题分享（负责人：石艳） a. 时间：4月初旬 b. 内容：分享优秀调查问卷案例及问卷设计思路等

三、以学校为学习共同体，以共生思维为导向

（一）共生思维

"共生"（symbiosis）指的是"两种生物或两种中的一种由于不能独立生存而共同生活在一起，或一种生活于另一种体内，互相依赖，各能获得一定利益的现象"。美国国家科学院院士林恩·马古利斯（Lynn Magrusil）整合了大量证据及她个人多年研究的成果，提出了生命共生理论。她认为，生命演化的动力并不是竞争、斗争，而是合作共生、共存共荣的和谐关系。当前，人类的共生性存在是与马克思主义的人的"社会性存在"的观点相一致的。马克思主义认为："人是最名副其实的政治动物，不仅是一种合群的动物，而且是只有在社会中才能独立的动物。"这一观点提出了人类存在的根本是社会性、共同性，为共生理念的提出提供了人学的基础和人类史学的背景。

人本身是人的主体，人具有人的资格、人的价值、人的意义和人的尊严。这是人的自我意识，同时，这种自我意识只有在人与人共生的关系中才能现实地表现出来。也就是说，人的自我意识与人的类意识是同一的，不可分的。一个人在自我肯定和自我尊重时必须肯定和尊重他人的主体地位。在共同性共生的存在状态下，人们的思维方式发生了很大的转变，转向了对话的思维。在共生意识下，生态化教师之间、生态化师生之间的关系都是以"和谐共生"为核心的，致力于学生与教师共同成长、共同进步。

实
践
篇

（二）以学校为学习共同体，和谐共生的学校成员关系促课改

"学习共同体"的理论与实践是从20世纪90年代开始在世界各地兴盛起来的。"学习共同体"意识指学校教育要恢复学习的社会意义和合作性而展开的教育理论。指的是在学校这样一个各式各样的人相互学习的公共空间，学生、教师、校长与家长都应该是平等的，每一个人的学习权利和尊严都必须受到尊重，多样化的思考方式和生活方式都受到尊重，在尊重中获得共同的成长。

共生意识指的是形成以双边共时性、灵活结构性、动态生成性、综合渗透性为特征的活动形态和互动共生的学校成员关系，使教育真正回到生命的原点，释放师生的生命潜能。双边共时性强调课堂改革过程中师生双方的共同参与、多向互动，把教与学两类活动真正组成共时、多向、相互作用的有

机整体，使每一个学生成为自觉、主动、积极的参与者和探索者，提高其自我教育的意识和能力，教师在教的改革过程中，改变思维方式，提升教学能力，从而达成教育自觉性；灵活结构性指的是课堂改革过程中的内容、方法与过程都应具有弹性和可变性；动态生成性针对过去把过程看作是预定计划或方案的简单体现，使教育过程僵化的做法，强调教育过程的复杂性特征，主张教育过程的发生有多种可能性存在，过程的推进就是在多种可能性中做出选择，使新的状态不断生成，并影响下一步发展的过程，突出教育活动动态生成性，同时也就突出了教育过程的生命性；综合渗透性强调要认识活动本身的综合性、参与者投入的生命整体性、活动影响的丰富性，改变单一、线性的陈腐认识。

将共生思维运用于课堂改革是不错的尝试。以课堂为阵地，处理好教师之间、师生之间、生生之间的和谐关系，将大大推进课堂改革的进程，提升课堂改革的效果。也是通过共生思维，立人课堂改革的生态路径得以可持续、可复制。变革需要推陈出新，敢于突破，更需要敢于尝试新的途径。在改革的过程中，不能采用传统僵化的方法，需要灵活、综合、动态与多边协调。最终，立人课堂改革的落脚点为人。

总体而言，在教育生态观下的学校变革是一个系统性的工程，需要协调校园内部的机制体制、教学管理，同时建立校园的主体教师之间、师生之间、学生之间和谐共生的关系。

图6-2-2

立人课堂改革的生态路径强调教育活动以课堂改革为主阵地，师生双方共同参与、多向互动，把教与学两类活动真正组成共时、多向、相互作用的有机整体，使每一个学生改变传统的静听者、旁观者的角色，成为自觉、主动、积极的参与者和探索者，提高其自我教育的意识和能力。强调机制体制、教学管理的创新与灵活度，主张根据实际教育实践的变化进行不断调整与优化，突出了教育过程的动态生成性，也强调课堂改革的复杂性与多样性、改革主体的生命整体性，使学校管理更为人性化，从而做到学校课堂生态的良性发展，课堂改革的可持续运转，学校跨越式前进。

参考文献

［1］吴鼎福，诸文蔚.教育生态学［M］.南京：江苏教育出版社，1990.

［2］范跃进.论制度文化与大学制度文化建设［J］.山东理工大学学报（社会科学版），2004（2）：5–9.

［3］陈向明.从教师"专业发展"到教师"专业学习"［J］.教育发展研究，2013（8）：1–7.

［4］张萍.论学校人本管理［J］.孝感学院学报，2007（4）：108–110.

［5］［美］吉纳·E.霍尔，雪莱·M.霍德.实施变革模式、原则与困境［M］.吴晓玲，译.杭州：浙江教育出版社，2004.

［6］［美］戴维·W.约翰逊，罗杰·T.约翰逊.领导合作型学校［M］.唐宗清，等译.上海：上海教育出版社，2003.

［7］叶澜.时代精神与新教育理想的构建——关于我国基础教育改革的跨世纪思考［J］.教育研究，1994（10）.

实
践
篇

第
七
章

立人课堂的具体实施过程

本书在第五章谈到"立人课堂"教学范式的建构是渐进式探索的过程，从初建到发展完善经历了三大阶段，重在强调范式建构。而在本章，我们则重点介绍"立人课堂"教学范式初步建构后，东莞市第八高级中学如何进行一系列的具体实施和推进。总体实施推进策略可以概括为"一个中心、两条主线、三个坚持"。即围绕一个中心——以课堂为中心；突出两条主线——以学生成长和教师发展为主线；强化三个坚持——坚持教研结合、坚持务实笃行、坚持常态实施。

第一节　以课堂为中心

一、课堂是学校教育教学的主阵地

课堂是教学活动发生的场所，是学校教育教学活动的主战场。它既是一种教育教学环境，又是各种课程与教学活动的综合体。可以说，学校的一切教育教学活动，最终都会集中反映到课堂教学的组织实施中来。

没有教师的发展，就难有学生的发展。学习是教师发展的前提和基础。苏联心理学家维果茨基（Vygotsky）在20世纪30年代初提出，学习的本质是一种对话——个人与自我的对话、个人与他人的对话、个人与理论的对话、个人与实践的对话。因为教师职业的特殊性，教师的学习不是从理论出发，而是从经验出发的反思与重构。教师在课堂观摩中学习，在教学展示中实践，在教学案例中研究和反思。通过课堂，教师针对自己的教学问题而学习，教师为改进自己的教学而学习，教师在自己的教学过程中而学习。课堂成为教师专业发展和成长最重要的平台。

课堂是学生成长的重要平台，课堂教学是落实立德树人根本任务、形塑学生发展核心素养的主要渠道。落实核心素养教育理念，不仅要传授知识、培养技能，关键还要帮助学生养成习惯，学会思考，发展学习力，培养学生主动学习、如何学习的能力。而这一切都离不开课堂。在课堂上，学生完成学习行为的变化、学习意义的建构；在课堂上，师生相互交流、相互启发、相互补充，彼此分享思考、经验和知识，彼此交流情感体验和观点；在课堂上，师生完成"教学沟通"的全过程，从而促使师生之间达成共识、共享、共进，实现教学相长和共同发展。

因此，在立人课堂推进过程中，我们始终将课堂放在十分重要的位置上，以课堂为中心和出发点，基于课堂开展系列活动，促使师生教与学行为方式的转变，实现"立人"之目的。立人课堂的具体实施过程是一个从课例研讨示范到全校常态化实施的不断实践推广过程。

二、立人课堂以课堂为中心的主要特点

加拿大迈克尔·富兰教授在《变革的力量》一书中指出，"教师工作的最大特点是：教学情境的不确定性；教学对象的复杂性和差异性；教学决策的不可预见性和不可复制性"。从这个角度来看，课堂实践以及研究、反思实践就成了教师行动学习最好的途径。因此，在构建立人课堂基本范式后，我们随即启动了以公开课为主要形式的课例示范和研讨。实施过程呈现出了课堂展示形式多样、研讨课型立体全面、课堂参与主动积极等特点。

（一）课堂展示形式多样

立人课堂的实践推广围绕课堂"主战场"，立足学校实际，实事求是，循序渐进，从课例研讨示范到全校常态化实施，陆续开展了一系列主题明确的公开展示课。

在立人课堂范式构建初期，为做好"立人课堂"教学模式的实践研究，保障课堂新范式能够平稳落地，首先开展了立人课堂"实验课"展示活动。由9个学科的第一批立人课堂实验教师，各上一节公开实验展示课。要求学术委员会全体成员、第一阶段10名实验课教师（要求提前调课，参加全部听课）、科组长、学校骨干教师全程参与听课、诊断、讨论。同时各学科组建授课教师指导团队，在正式授课前进行多次的深入研究、共同探讨。

表7-1-1

序号	科组	科组长	指导老师（团队）	授课老师	课题	授课班级
1	语文	丁筱明	丁筱明　黄文俊　李宇迪　向敏杰　周望乔　张玉华　伍诗琪	付友珺	项羽之死	高二（12）班
2	化学	于洪波	王　东　于洪波	温晓丽	生活中两种常见的有机物——乙酸	高一（15）班

序号	科组	科组长	指导老师（团队）	授课老师	课题	授课班级
3	数学	林茂发	蒋美衡　何国锋 蒋显平　林茂发	石艳	二倍角的正弦、余弦、正切公式	高一（6）班
4	物理	赵振廷	刘昌波　赵振廷　方静	刘浩然	重力势能	高一（13）班
5	英语	谭妮	谭妮　苏桂花　杨少芝	赖司其	读后续写 Children of Heaven	高一（9）班
6	生物	蔡伟兰	蔡伟兰　杜洋琪　谢小曼 陈然　张卉	李紫燕	基因在染色体上	高二（14）班
7	历史	肖玉平	李红霞　王子健 王海波　肖玉平	杨婷君	民国时期民族工业的曲折发展	高一（6）班
8	地理	罗厚付	罗厚付　周耀辉　何小艳	张海欣	水循环	高二（12）班
9	生物	蔡伟兰	蔡伟兰　杜洋琪　谢小曼 陈然　张卉	周虹利	DNA是主要的遗传物质	高一（2）班
10	政治	王青莲	杨帆　曾鹏辉　王青莲	陈佩斯	唯物辩证法的发展观	高二（6）班

实践篇

立人课堂基本范式在实验课中成功得到了实践和检验，立足东莞市第八高级中学校情，符合新时代发展需要。为实现校内推广应用，随即我们开展了立人课堂"示范课"展示活动，由9个学科的第一批立人课堂实验教师，各上一节公开示范展示课。和前一次的实验课相比较，在课前准备、听课要求上等都有了新的变化。在教学准备上，要求授课教师增加提前在学科组内进行授课主题报告，着重介绍本节课如何围绕立人课堂基本元素和要求进行设计，在实施过程中如何体现立人课堂主要特征，帮助学科教师在听课前对本节课的立人课堂特征化设计有基本的了解，方便在听课过程中针对性观察，也保障了评课交流的效益。在听课要求上，除了实验课时要求参加的教师群体外，增加了五年教龄以内的青年教师。

后期，根据实际情况需要，又组织了针对不同课型的"立人课堂研讨课"，使得立人课堂具有了更强的适应性；组织了面向部分专家团队的"立人课堂展示课"，邀请了东莞市教育局教研室高中各学科教研员、华南师范大学的部分教授前来观摩指导。研讨课得到了与会专家的高度肯定与赞赏，同时也接收到了不少中肯的意见和建议，再一次推动学校教育教学的改革与发展。

实验课、研讨课、示范课及展示课活动，通过听课评课，通过一次次地实践、反思、总结，对立人课堂推进过程中存在的问题和困难进行集中研讨，通过这种听课评课的研讨形式，大家对立人课堂中的课前研磨手册设计、教师精讲与学生内化、思维工具的运用、小组建设、合作探究和展示、教师和学生在立人课堂中的角色等问题有了比较清晰的理性认识，"立人课堂"教学范式也由原来的盲目机械操作逐步演变成了可示范、可推广的教学范式。

（二）研讨课型立体全面

课堂教学是一个以学生认知、实践和发展为主体的过程，课堂承载着教师的教与学生的学。不同学科的不同课型，虽然在发展学生各方面能力上是一致的，但是课堂结构、特征，课本身的任务、功能等可能会各有不同。立人课堂有着基本统一的课堂特征和教学范式，是否对标了新课程的先进理念，是否遵循了学生身心发展与认知规律，是否能够实现低负高效优质，这都需要用实践来检验和优化。基于此，在立人课堂实施过程中，特别设计了基于不同课型的"立人课堂"研讨课。

表7-1-2

学科	上课教师	课题	班级	课型
语文	付友珺	词的语体色彩	高一（4）班	新授语法课
语文	黄 熙	拿来主义	高一（2）班	新授现代文课
数学	王依雯	函数的零点与方程的解	高一（8）班	新授概念课
数学	李正娣	同角三角函数的基本关系	高一（1）班	新授命题课
英语	廖嘉卿	Subjunctive Mood（Grammar）	高二（15）班	新授语法课
英语	肖园园	Make the Tang Poems Seen	高二（1）班	新授阅读课
地理	黄华华	农业区位因素	高三（3）班	一轮复习课
政治	宋 丹	弘扬中华民族精神	高二（2）班	新授课
地理	张军太	海水运动对人类活动的影响	高一（6）班	新授原理课

学科	上课教师	课题	班级	课型
历史	黄佳婷	中国近代前期留学浪潮（1840—1919）	高三（1）班	二轮复习课
化学	余思钰	铁盐和亚铁盐的相互转化	高一（5）班	新授原理课
生物	张嘉文	生物科学探究的钥匙——假说—演绎法	高三（3）班	一轮复习课
物理	黄佳玲	力的合成与分解（第二课时）	高一（6）班	习题课

13节课，覆盖9个学科、3个年级、不同课型，真正立足于学生的"自主、合作、探究"。每一节不同课型的"立人课堂"研讨课所选课题都来自学生的学习实际，老师整理问题，设计研磨学案，引导学生先自主探究，然后组织小组合作完成问题，课堂只是他们或解决疑难或呈现所学的过程。这个过程对学生整理思维、清晰表达都提出了极高的要求。

各学科均选择了重要的基本课型。通过研讨揭示课型课堂结构和性质，通过交流认识不同课型的特征，全面地促进了立人课堂教学范式的基本要求和核心要素，更好地遵循和符合课型的特征和要求，更好地落实学生发展，完成教学任务。该专题研讨课也是建立在前面多次研讨示范课的基础上，虽然研讨的课型不一样，但模式却有了更大的改进：必备教学环节的细化，小组合作探究的要求更明确，思维工具的运用更灵活，学生规范性语言表达，信息技术的巧妙使用，课程评价表设计得更加简洁科学等。

（三）课堂参与积极主动

立人课堂下，学生参与课堂的主动意识更强。在系列的展示课中，我们逐步实现了真正把课堂还给学生，让学生有充分的思考和展示时间。从这些展示研讨课中，我们发现：课前的基础知识、思维导图绘制，学生们都越来越用心去做；课堂上学生更加积极参与、主动思考、合作探究、思维碰撞；更为出彩的是在展示合作探究成果的环节，学生们落落大方，语言表达规范，逻辑清晰，有批判性思维，也有社会责任感、家国情怀的升华，核心素养得到了充分的落实。

教师参与形式多样，上课、听课人数众多，覆盖面广。要求所有实验教

实
践
篇

师分批轮流参与公开课展示，要求各学科组成立学术指导团队全程参与研究和准备，要求学术委员和本科组实验教师参与到每一次的磨课准备。每节课的课前准备，就已经有大量的教师参与其中，用实际行动推动立人课堂深入开展。在课堂展示时，全校老师广泛积极参与，基于立人课堂师生关键行为观察表进行课堂观察。

仅以"立人课堂示范课"为例，在该轮展示活动中，全校共有412人次教师参与听课，380人次教师线上评课，参与上课与磨课的学生共有1200人次，普及所有学科教师与高一绝大多数的学生。168人次学生对上课情况进行评价，最终的数据证实了我们的课堂得到了师生的高度认可。

三、以课堂为中心带来的积极改变

日本著名教育学者佐藤学认为，"学校改革的中心在于课堂"。课堂，作为师生对话、沟通、交流、成长的重要舞台，它的重要性不言而喻。坚持以课堂为中心，向课堂要质量，以课堂转型带动学校教育变革，培育学生核心素养，也成了学校上下的共识。

大力推行的公开研讨课，进一步明确了立人课堂建设的目标，确定了"在行动中认知"的推进方式。通过实验教师、实验课研究，强烈发出了培养教学改革行动者的信号，分步骤、分阶段制定了教师全员参与的立人课堂实践方案。对于课堂改变，需要教师跨越"认知"和"行动"两道鸿沟。一念之间，有的教师可能去实践了，同样，一念之间，有的教师可能就退回到旧的认知世界去了。认知的改变需要过程，有具体行动的认知才能得以巩固，最终回归引领行动。确定"在行动中认知"的推进方式就是确保"认知"与"行动"的统一，确保立人课堂的推进能高效进行。

以课堂为载体的对外展示交流，促进了校内外良好互动关系的建立，为立人课堂的顺利推进提供了环境支持。外部环境管理中，学校邀请高校教授、教研室领导专家入校开展课堂教学改革理论与操作的培训，组织全体教师观摩、学习学校各类公开展示课，组织各层次的课后研讨，从中汲取改进的经验和措施。课堂对社会开放，组织对外展示课，整合校内外有利力量，扩大立人课堂的积极影响，促使学校与外部环境建立合作关系，学校与环境各种力量得以整合。

以课堂为中心，以教学案例为研究载体，构建起了教师基于群体的合作学习形态，符合教师学习认知的特点。教师的学习是基于案例的情境学习，教师的研究是以案例为载体的实践研究，是对案例的理解、分析和反思。立人课堂实施过程中的大量研讨课、示范课、展示课等，每一节课，都成为教师群体研究的真实案例。教师通过课例的研究，不仅仅是上好一堂课，更多是掌握上好一类课的更多方法和能力。案例研究作为教师学习的基本方式，具有教学观摩、教学切磋、教学合作的意义。在展示课中，走进同事的课堂，观察同事的教学现场，构建起了教师群体合作学习的形态。并通过与同事的讨论，认识自己与他人教学见解的异同，来针对教学问题和教学实施相互切磋。借助教师之间共同探讨"课堂愿景"的教学创造，分享各自教育智慧，领略不同情感体验，从而获得更多共识和共鸣。

以课堂为中心，课堂模式的教学创新也是教师自我唤醒的过程。每批次授课老师们从开始的拒绝、迷茫，到磨课时的忐忑、不适，到最后展示时的成长、自信，每一个人都看见了全新的自己，生命充满了可能，此时，我们也明白了教育的对象不仅是学生，也是教师自己。每次课堂展示活动总结时，每一位参与"立人课堂"展示课授课的老师，都在他的课堂上灿烂绽放，笑靥如花。而坚守在课堂改革队伍中的每一个人，都仿佛听见了花开的声音，也看见了一颗颗种子，又在悄然落地，秘密成长。

以课堂为中心，学生的收获也是满满的。学生在学习知识的同时，也是追光者。追思维之光，追合作之光，追自信表达之光……这个过程就如新的种子在悄悄生长，那应该是每一个健康而自然的人身上都应该有的生机。

第二节　以教师专业发展和学生发展指导为主线

一、以教师专业发展为主线

面对新高考改革和高中新课改带来的新变化，高中教育如何进行有效应对？促进教师专业发展，提高教师队伍素质是关键，因为"教师作为学校变革的主体力量，无论是从利益相关性上，还是从其对变革走向的深刻影响上，都可以说是学校变革中最重要、最可依赖的影响力量"。英国古德森教授指出："教育变革需要重新思考变革的内部事务、外部关系与个人因素之间的平衡，分析变革时应该将个人转变放在首要位置。只有当教师的个人投入被视为变革动力及其必要目标时，教育变革才最有效。"因此，提升教师专业发展水平是课堂变革中最重要的一环。因为无论课堂改革的理念与目标有多么先进，还是课堂改革方案与措施有多么精致，改革最终需要通过教师的教学实践才能得以实现。

（一）转变教师观念，强化教师自我认识

基于核心素养的教学是一种开放式的教学，课堂中常常会出现很多不可控事件，这对教师"知识代理人"的"专家"身份是一种挑战，这会让教师自我效能感降低。同时，基于核心素养的教学，它要求教师花更多的时间和精力去搜集相关信息，否则他们将无法顺利和学生进行合作，无法对学生的学习进行判断与评价，这也会让教师产生更多的焦虑，消耗他们的自信心，进而影响教学效果。非控制的教学状态让教师感到焦虑与不安，让教师常常不愿意进行改革，哪怕他们在课程实施过程中清楚认识到，基于核心素养发

展的课堂教学对于个人教学技能的提升和对学生素养的发展都具有明显优势，教师都不愿意在行动上做出调整或改变。

传统教学观念的根深蒂固导致教师教学素养发展停滞不前，这阻碍了教学改革的发展。正如艾伦所讲："所有的变革都处于冲突的力量即推动力与阻碍力所构成的环境中……如果要刺激变革，与其增加推动力，不如减弱阻碍力。"而转变教师观念是增强教师教学改革的积极性与主动性最重要的一步。

同时，在新高考改革的大背景下，新教材、新课标与新评价体系不仅仅是一次考试评价方式的变革，更是一次教育观念与人才培养模式的深刻变革。作为这次变革的主体之一，实现教育观念的转变是大势所趋，教师如何在教育教学工作中实现从育分到育人的转变是重要课题。坚持学生为本，就应该以高中生为主体，充分调动和发挥高中生的主动性；遵循高中生身心发展特点和教育教学规律，促进高中生生动活泼地学习，健康快乐地成长，全面而有个性地发展。坚持因材施教，就是要了解学生，承认学生个体的差异，给不同的学生以更具针对性的教育。坚持终身学习，让教师清楚高中教育只是终身教育体系中的一个重要阶段，信息时代使得知识的更新速度加快，不仅要让学生学到什么，更重要的是使他们掌握学习的方法和技能，提高观察问题、分析问题和解决问题的能力。

这些观念的转变并不容易。转变观念是循序渐进的过程。立人课堂在进行课堂改革前，学校做得最多的铺垫就是帮助全体教师转变观念。从各种不同教学会议上的思考，到不同教研沙龙上的强调，从全校的宣讲到备课组的心得交流，从学术委员会的学术研讨到科组长会议的交流学习，从课堂改革的论证会、宣讲会到推进会，从课堂改革的必要性到课堂改革的价值，教师的观念在不断发生改变。

立人课堂改革期待我们教师观念发生根本转型：第一，在课堂教学中不是让学生懂得与记住什么，而是让学生去理解、思考与判断。第二，学习的课题，不是单独一个人个别地达成，而是借助团队与共同体去实现。第三，作为学习活动的成果，我们期待我们的学生不仅在于学得了知识与技能，而是能够觉悟到自身的变化或是成长。

（二）培训种子教师团队，发挥辐射带动作用

1. 促进种子教师团队的专业发展

虽然改革是所有人应该进行的实践，但改革需要有人带动与引领。立人课堂改革先建立实验骨干教师团队，为教师提供成长展示的平台。再树立课改教师的先进典型，让更多教师体验课堂教学改革的成功。同时，实验骨干教师团队融合了不同学科的种子教师，又通过种子教师辐射到各学科团队，以种子教师的方式带动学科课堂教学改革，从而对备课组、科组及全校进行辐射，建设整个学校课堂改革氛围，助力课堂改革，最终带动全校教师教育教学能力发展。

东莞市第八高级中学"立人课堂"深化实践研究阶段工作方案

专业化侧重于"立人课堂"实验教师的专业化发展，构建"立人课堂"学科成长梯队，发挥实验教师辐射引领作用。

1. 提升实验教师专业化发展

通过各种途径全面发挥实验教师的示范作用，如外出学习、示范课、专题化研究、不同学科课型构建研讨、信息化专项培训和论文课题研讨等，从而迅速提升实验骨干教师的专业发展。

专业化发展中要求所有高一、高二实验教师本学期至少完成一次不同课型的"立人课堂"示范课，并借助本学科课型研究小组，根据不同学科课型，总结至少一份本学科完整的"立人课堂"教学模式范本，包括研磨手册、小组合作经典设问与思维工具等。

2. 构建学科成长梯队

（1）对应东莞市开展的"品质课堂"教学能力大赛活动，实验教师将全力配合参加本学科东莞市魅力组（50岁以上）比赛教师，充分展示我校"立人课堂"教学模式的优势；

（2）建立"立人课堂"教师成长梯队，用点对点的发展，一对一带领更多本学科老师成为"立人课堂"的骨干教师。

3. 发挥种子教师辐射引领作用

以实验教师为主体，充分发挥辐射引领作用，发挥种子教师的作用，充

分从不同角度与层次带动本科组及其他教师对"立人课堂"教学模式的理解与运用；本学期各学科实验教师在本科组会上至少完成一次关于立人课堂的专题分享。

2. 实验教师团队的培养流程制度化

图7-2-1

当前我校已经推选了三批实验教师团队，共计60人。每一次实验教师的入选都经过了规范化的培养，从第一批实验教师的科组推荐到第三批实验教师的自愿报名，从被动加入到主动申请，从研讨、学习、交流、磨课到示范、表彰等，每一位实验教师都得到了迅速的提升，同时也侧面印证了我校课堂改革被越来越多的教师所接受。正如我校黎校长所说："我校'立人课堂'教学改革是我校目前教学活动的重中之重，每一位教师都应该为自己是改革的一员而骄傲，在思考我们教学改革的初衷时，更坚信教学改革的前景。"

3. 实验教师团队培养的具体任务化

表7-2-1

人员	任务	要求	时间
科组长	组织打磨示范课	带领科组老师对实验老师"立人课堂"示范课的设计和展示进行指导	本学期
	组织本学科"立人课堂"精细化研究	①基于"立人课堂"不同学科特色不同课型的研究；②基于"立人课堂"的教学环节优化策略研究；③基于"立人课堂"的学科思维工具的研究	本学期
	参与专题研讨沙龙	积极参与专题小组的研讨沙龙。通过研讨沙龙的规范化开展，促进学校教研氛围的形式，助力课堂教学改革，为深化"立人课堂"实践研究夯实基础	本学期

实
践
篇

立人课堂
——核心素养视域下高中课堂范式的构建与实践

人员	任务		要求	时间
科组长	参与"立人课堂"教学常规化相关活动		① 进一步落实校级以上公开课采用"立人课堂"教学模式规范化,加强公开课相关材料审核,充分开发和利用好"立人课堂"教学模式,鼓励探索适合本学科"立人课堂"不同课型公开课开展; ② "立人课堂"常规化的细节落实,其中包括听课本、教案本等设计与"立人课堂"教学模式相匹配; ③ 探索建立"立人课堂"常态化实施教师考评机制,评选"立人课堂"常态化实施优秀教师	本学期
实验老师	必做	不同课型的"立人课堂"示范课(包括展示课)至少1节	至少体现一个本校本学科必修的信息技术微能力点,通过公开课与微能力点的结合,加大新型技术助力"立人课堂"的创新,构建信息技术赋能的"立人课堂"规范化的模式。要求在教学设计、授课、评课时,都围绕一个本校本学科必修信息技术微能力点展开	展示课(4月19日—4月23日)
		总结教学模式范本至少1份	借助本学科课型研究小组,根据不同学科课型,总结至少一份本学科完整的"立人课堂"教学模式范本,包括研磨手册、小组合作经典设问与思维工具等	6月上旬
		"立人课堂"专题分享至少1次	① 在科组会上进行; ② 以实验教师为主体,充分发挥辐射引领作用,发挥实验教师种子教师的作用,充分从不同角度与层次带动本科组及其他教师对"立人课堂"教学模式的理解与运用	6月中旬
		撰写"立人课堂"相关论文至少1篇	可与本学科市级年度论文要求相符	各学科年会论文
	选做	积极参加国家、省、市级信息化教学比赛	如一师一优课、融合创新大赛等	本学期
		开设与"立人课堂"相关的课题	可与本学科市级年度课题要求相符。	4月、5月
		完善"立人课堂"的相关优秀数字教学资源	如微课、莞式慕课,建议与教师信息技术应用能力提升工程2.0能力点相结合	本学期

（三）开展立体培训，提升自主发展水平

教师培训是加强教师队伍建设的重要环节，是促进课堂教学改革和提高教育教学质量的重要保证。为了提高教师教育教学水平，促进教师专业化队伍成长，加大教师培训力度、丰富和优化培训内容。同时，课改中心组根据教师的困惑和课改过程中遇到的疑难问题，制定有效的实施方案，从理论和实践层面给予教师有力的指导。

采取"省内外专家理论讲座""教师课改文本阅读活动""突出新课程培训""加强现代教育技术的学习""走出去学，请进来教"等措施提高教师专业能力，课堂改革的理论培训、磨课研讨培训、信息技术能力培训、校内培训与校外培训、立体培训，极大增强了教师的教学理论水平，提升了教师自主发展水平。

（四）进行反思性实践，提高教师专业水平

美国学者波斯纳提出了一个教师成长的公式：经验+反思=成长。教师专业化的定位应该是一名"反思性实践者"。教师的工作是借助依存于不安定的实践中与情境对话来进行的。教师每节课所面对的情境与实践都是不一样的，我们所面对的主体每天也是不断发展与变化的。因此，教师在教育教学实践中，不能仅仅满足于教学经验的积累，更要对实践经验进行总结与思考，甚至是批判，并将这种经验反思应用于以后的教育教学实践创新之中，从而不断促进教育目标的达成。

实
践
篇

教师的成长离不开反思性实践这一重要环节。从敢于怀疑自己，敢于突破自己，到将教学反思应用于教学实践，倾注全力去发现并反思情境中学习的意义和价值，展开实践反思，分享实践经验，增长实践智慧，从而不断地向高层次迈进。立人课堂主要是从以下几点引领教师在实践中进行反思：①把自己作为学生来反思自己的教学；②通过同行中的榜样教师来反思（如骨干教师、校级名师等）；③通过教师对自己教学的回顾进行反思（如写教后反思、阶段教学回顾、课堂教学分析等）。

二、以学生发展指导为主线

2019年国务院办公厅印发的《关于新时代推进普通高中育人方式改革的

指导意见》提出，"加强学生发展指导"，强调"注重指导实效""健全指导机制"。2020年教育部新修订的《普通高中课程方案》强调学校应建立学生发展指导制度。同时随着新高考改革的推进，学生的选择权不断扩大，高中生更加迫切希望得到相应的发展指导，大多数学生对大学所学专业和未来职业思考不足，缺少学习动力，他们希望学校进行升学指导、学习方法指导与人际沟通指导等，有效地推进学生发展指导愈益成为普通高中面临的共同任务。

我校以立德树人为目标，以立人课堂为主阵地，努力探索构建基于课堂的学生发展指导体系，拓宽育人渠道，为学生提供全程性、系统性、规范化的发展指导，实现高中教育深度变革，全面提升育人水平。

（一）构建基于"立人课堂"的学生发展指导体系

1. 注重学法指导的学业指导

学业指导主要包括学习观、学习方法、选课、考试等。指导学生了解学习目的，树立正确的学习态度，认识高中课程设计、学科知识体系和学习要求的差异，确立恰当的学习目标。根据自己的志趣、特点、专长选择课程，科学安排课程修习计划，明确合格考、选择考意愿。掌握应对学习压力和考试压力的技能技巧，改善学习方法，提高学习效率，挖掘学习潜能，形成良好的学习习惯和学习能力，提升学业水平。

当前，考试招生制度改革对学生的学习能力提出了更高的要求，但中学生在学习中普遍表现出学习能力不足、学习态度与动机不明确、学习情绪不高、注意力不集中、学习策略与方法不合理等问题。在中学阶段开展学习指导，应注重学习目的指导、学习心理指导和学习方法指导，以引导学生建立内化的学习动力机制，全面了解学习过程、认识学习规律以及掌握恰当的学习方法，提高学生自主学习、探究学习和合作学习的能力，培养良好的学习习惯。其中，学习目的指导既要帮助学生将学习与生命教育、生涯规划建立联系，形成良好的学习动力机制，又应以全面认识自我为前提，以社会对人的发展需求为参考，制定合理的学业发展目标和阶段性学习目标，帮助学生完成由被动学习向主动学习转变；学习心理指导则依据个体个性特点和不同学习活动的特点，指导学生在学习过程中学会自我调节与监控，形成主动的学习意识、积极的学习态度与坚强的学习意志；学习方法指导旨在帮助学生在知识获得、巩固及应用等方面确立高效的学习方式，形成良好的学习行为习惯。

立人课堂在学法指导上是有完备体系的，从学前高中课程慕课，从初步了解高中学科课程设计到开学第一课的规范化，要求高一开学第一课要侧重本学科在高中课程难度的变化的整体介绍、必修教材的简单介绍到学科学习要求的指导；从注重各种思维工具的培训到时间管理的培训。

2. 立足学习成长的生涯指导

生涯指导主要包括升学指导、职业定向和生涯规划等。立足于学习成长的立人课堂生涯指导特点为：第一，学校建立了"选学选考→升学"的递进式指导体系。从高一开始即面临选学选考的抉择，在高三时又面临专业与高校的选择，为此，进行了"高一+高二+高三"的递进式指导。第二，要求学生制订学习计划与学习目标，在进行专业指导"如何制定学习目标"的前提下，要求学生根据自己特点填写学习目标卡，展示目标卡，每次大考后订正目标卡等，帮助学生明确自己的学习目标。第三，明确大学专业与职业规划。立人课堂指导学生在了解社会职业要求、专业发展趋向和人才市场需求的前提下，培养专业倾向，选择合适的发展方向，树立正确的人才观。指导学生了解国内外高等院校专业的基本信息和就业情况，了解高校专业选考科目要求，正确处理个人兴趣特长与自身潜能、社会需要的关系，科学合理确定选考科目和专业意向，从而不断明确学习成长目标。

立人课堂的生涯指导依据普通高中既要把握新高考改革的核心价值理念，引导学生树立正确的价值观，正确地认识自己与他人、自己与社会之间的关系，帮助学生合理地选课、选科、选考，又要坚守促进学生全面而有个性发展的价值定位、遵循学生身心发展的基本规律，在不断探索如何更好地指导学生发展过程中实现与新高考改革的良性互动。

3. 走向学会合作的生活指导

立人课堂的生活指导主要包括理想信念、自我认知、文明礼仪、生活保健、心理调适、闲暇利用和人际关系等。指导学生开展自我探索，了解自己的性格特征、兴趣特长、优势潜能等，正确看待个体差异与生命价值，准确定位自我价值。指导学生学会表达、心理调适、情绪调节等方法，掌握沟通技能，形成良好的人际交往意识、团队意识和合作意识。

（二）学生发展指导的途径

1. 构建课程群，提升学生核心素养

作为课堂改革，主阵地是课堂，但并不仅仅局限于学科教学本身。如何才能更好地提升学生的核心素养，如何才能更好地让立人课堂改革的每一个环节得以充分发挥作用？课外的素养提升指导就显得格外重要。

表7-2-2

东莞八中"立人课堂"非正式学习教师指导课程群					
序号	基础问题	专题课程	课程简介	师资建议	学习者
1	如何组建团队	《组建学习团队的秘籍》	学会识别他人优势，进行异质化分组	班主任、心理	全体学生
		《学习团队户外破冰训练》	迅速打破与陌生人的隔阂并掌握其突出特点	体育科	全体学生
		《如何邀请"外援"》	寻求他人帮助的礼仪、方式方法等	项目组	全体学生
2	如何开展项目学习调查研究	《怎么做项目计划书》	各类项目计划书的撰写原则、方法	项目组	对应角色的学生
		《调查报告如何撰写》	调查报告的基本元素及拓展	项目组	对应角色的学生
		《调查研究中的社交礼仪》	采用问卷调查、访谈等方法做调查时应遵循的礼仪	项目组	全体学生
		《如何查找资料写调查报告》	查找资料的渠道、方法及注意事项	项目组	对应角色的学生
3	如何进行团队CIS设计	《徽章设计与制作》	不同种类徽章的设计与制作原则、方式方法	美术、家长	对应角色的学生
		《海报制作艺术》	常见海报制作方法与评价标准	美术、家长	对应角色的学生
		《展览布局艺术》	布置学习成果展览的流程、要点	美术、家长	对应角色的学生
4	如何进行沟通交流	《班级演讲艺术》	小群体内的演讲、分享、交流、提问技能培训	语文、家长	全体学生
		《辩论与沟通艺术》	辩论方法和沟通技巧培训	语文、家长	全体学生

东莞八中"立人课堂"非正式学习教师指导课程群					
序号	基础问题	专题课程	课程简介	师资建议	学习者
5	如何进行时间管理	《我的时间表》	时间管理工具的校本应用	项目组	对应角色的学生
6	如何进行评价	《如何做合格的"点评者"》	评价他人作品的原则和方式方法等	项目组	全体学生
		《学习共同体内部评价的方法》	评价学习共同体内部工作质量的方式方法	项目组	全体学生
		《我们该如何分享》	与他人分享成果、理念等的方式方法	项目组	全体学生
7	创新专题	主题自拟	自拟	自拟	自拟
课程设计建议：项目组几位老师组成一个课程备课组（创研微群），设计总时长40分钟左右的若干节（2分钟/节）微课作为学生自主学习资源，可在学校抖音或相关平台进行发布；线下专题课在学期前实施专题教学 如果课程系统化规划设计制作，将会是重要的项目成果					

通过上述非正式学习指导课程，利用校本开发的形式，迅速提升了学生的各项能力，包括学习力、沟通力、管理能力、思维能力等。这些能力的提升，不仅让立人课堂改革的开展变得更有效，而且使学生的核心能力得到了加强。

2. 活动育人

活动既能拓展学生的兴趣，开发他们的智力，也能激发他们无限的创造力。通过各种社团活动、课外活动或科技节、读书节、社团节等活动的有效开展，能活跃学校学习氛围，提高学生自治能力，丰富学生课余生活，使学生在参与活动中能更自由地表达观点，有效提升综合素养。为了让活动效果更明显、有效，学校要从实际入手，明确社团活动开展的目标，选择一些特色社团活动，为学生提供足够的场地和活动道具；要为学生创设充足的实践机会，充分激发学生参与活动的兴趣，挖掘学生的潜力，创新活动教学形式，为学生成为全面发展中的人奠定了坚实的基础。

例如立人课堂改革中举办的"思维杯"思维王者争霸赛，已经连续开展几届。每一届开展的主题不同，以小组形式进行，在活动的过程中，每份作品都体现了同学们积极认真的态度、合作探究的精神、系统理性的思维能力。

图7-2-2

（三）学生发展指导的方式

在学生发展指导的方式上，采用多元（教师、学生、小组长等）主体培训，多层次（全校、年级、班级和小组等）培训与实践相结合的方式。在进行学生发展指导的过程中，立人课堂改革注重培训的闭环处理，从确定培训主题到评选优秀，环环相扣，层层递进。在培训过程当中，注重培训过程的规范化，从主题的选取、课件的制作与班级优秀小组照片的选取都有规范的要求。在规范化、精品化的指导下，让每一次活动都有意义、有价值，让每一个学生在活动中感受到不一样的自己，在共同的培训中充分发扬个性。

图7-2-3

学校是育人的场所，学习的过程就是人的自我发现、自我创造和自我超越的过程。从学校教育的本质来讲，真正的学生指导就是在现有的学校教育制度体系中对学生发展核心素养的培养过程。

第三节 坚持"教研结合""常态实施""务实笃行"

一、坚持"教研结合"

（一）以教促研，教研立教

东莞市第八高级中学在逐步构建和推进"立人课堂"教学范式的过程，实际上也是东莞市第八高级中学在积极开展教研工作的过程。众所周知，教育教学是在动态中进行的，它是一个变化的、常新的系统。因此教学改革的推进也是复杂的动态过程，各种各样的问题会随时出现，需要不断地、适时地进行调整、更新和完善。同时，东莞市第八高级中学探索和实施的"立人课堂"教学改革，是基于新课标、新教材和新高考的，新课标、新教材和新高考所蕴含的新理念、新方法以及实施过程中出现和遇到的各种新问题，都是过去的经验和理论难以一一解释和应对的；这就要求学校和老师要时刻以研究者的姿态，不断研究教学改革中遇到的新情况、需要解决的新问题，使教学常教常新。因此，坚持教研结合，采取一系列措施鼓励和引导全体教师积极参与教研工作，及时解决课改中出现的问题，创造性地实施和完善"立人课堂"教学模式，促进教师、学生的全面发展，是创新而有序推进东莞市第八高级中学"立人课堂"教学改革的重要保证。

俗话说："教而不研则浅，研而不教则空。"教和研是教师专业化成长的两条必由之路，也是课堂改革推进的重要保证，教和研的关系是相辅相成，密不可分的。新课程改革要求教师的角色要发生转变，其中的转变就是要求教师由传统的教书匠转变为教育教学的研究者，走向既教又研、以研促教、教研互补的教师专业发展的新角色。新课改为教师的教研提供千载难逢的机遇与挑战，我们理应抓住机遇，坚持用研究问题的方式方法处理教学遇到的问题，只有让我们所有的教研成果立足于课堂改革，才能具有一定的创新价值和学术价值。

（二）专题教研，智慧成长

"随着国家基础教育课程改革的进一步实施和新课程实验范围的不断扩大，教学研究的地位和功能明显增强。课改的实施赋予了教学研究新的内涵。因为教师对课改理念的认识、对新课程的体验不仅依赖于各级培训、课堂体验，更多依赖于形式多样的教学研究活动。可以说各种形式的教学研究活动将成为教师走进新课程、感受新理念、实现角色和行为的转变的阶梯。"基于此，学校在认真抓好常规教学的前提下，为进一步推进教改工作，提高教师的教学能力和水平，稳步提高教育教学质量，结合教师的教学实际，积极开展立足"立人课堂"的多样化教研活动。

1. 定期开展学习型教研

理论学习是教研的基础，也是内容之一。课改的实施需要不断加强理论学习。伴随着立人课堂教学改革的不断深入，我们会不断遇到新情况和新问题，理论学习能够更新我们的理念，提升我们的专业素质，也能帮助我们直接地吸取别人的成功经验，开阔视野，打开解决问题的思路和找到方法。东莞市第八高级中学在不断进行课堂实践的同时，也十分注重教师的理论学习，除了邀请专家前来进行理论指导外，东莞市第八高级中学还通过给实验教师购置相关书籍，定期地推荐阅读书单，鼓励积极撰写读书心得，搭建理论学习分享平台等方式来创造理论学习的氛围，督促实验教师乃至全校教师主动强化理论学习。当然，每个阶段我们理论学习的内容是有所变化的，比如随着东莞市第八高级中学课堂改革进入深化阶段，则更注重加强学术性的理论学习。

通过定期开展学习型的教研，实验教师认真反思自身在课堂教学改革的过程中的得与失，从而对课堂教学改革的意义有了更深刻的认识，对如何进行课堂教学改革有了更多清晰的想法，为持续积极参与课堂教学改革提供了理论支持和动力支持。东莞市第八高级中学"立人课堂"推荐书目及刊物如图7-3-1所示。

东莞市第八高级中学"立人课堂"推荐书目及刊物（2020年7月5日）

各位老师：

随着我校课堂改革的逐步深入，教师对于教学理论的了解需求度也越来越迫切。现推荐以下书籍给各位老师，帮助大家能更好地了解我校课堂改革的理论支撑，同时也希望能为大家写论文或课题提供更多专业的理论来源。

序号	著作或期刊名称	作者或出版社	文献图例	推荐理由	备注
1	《布卢姆教育目标分类学》	洛林·W.安德森著，蒋小平等译，外语教学与研究出版社2009年版		当前热门的知识目标分类学的权威著作。书中不仅有知识目标分类的依据、方法，更有许多具体实施案例给大家作为参考。实用性强	必读
2	课堂研究三部曲（《读懂课堂》+《课堂研究》+《课堂转型》）	钟启泉著，华东师范大学出版社2015、2016、2017年版		读懂课堂。是每一个教师成长的标识。著名课程学者，基础教育课程研究领军人物钟启泉教授课堂三部曲，值得推荐	必读
3	《课堂观察Ⅱ：走向专业的听评课》	崔允漷等著，华东师范大学出版社2013年版		作为教师日常工作一部分的听评课，为何未能为教师的专业发展提供有力的支撑？指向于听评课范式转换的课堂观察同时具备了能为教师专业发展提供支持的元素，比如研究，比如技术，又比如合作	必读
4	《深度学习：走向核心素养》	郭华、刘月霞主编，教育科学出版社2018年版		在借鉴国外相关研究成果和总结我国课程教学改革经验的基础上，着手研究开发"深度学习"教学改进项目，探索落实学生发展核心素养和各学科课程标准的重要途径和有力抓手	必读
5	《核心素养导向的观课议课》	高宏主编，天津教育出版社2018年版		观课议课，是参与者相互提供教学信息，共同收集和感受课堂信息。在充分拥有信息的基础上，围绕共同关心的问题进行对话交流和扬长避短，以改进课堂教学效果、提升教学质量、促进教师专业能力提高的一种教研活动	必读

实践篇

序号	著作或期刊名称	作者或出版社	文献图例	推荐理由	备注
6	《设计有效教学》(第四版)	[美] G. R. 莫里林、S. M. 罗斯、J. E. 肯普著，严玉萍译，中国轻工业出版社2007		本书的三位作者都是美国著名的教学设计研究专家，都有丰富的教学设计培训经验，他们在书中力求做到理论与实践应用的平衡，因此，在介绍有关理论的基础上，详细阐述了每一个教学设计阶段的具体任务和实践策略，并提供了许多实际的教学设计案例供读者参考	选读
7	《学校见闻录：学习共同体的实践》	[日] 佐藤学著，钟启泉译，华东师范大学出版社2014年版		"学习共同体"创建的学校改革之所以得到广大教师的支持，就在于为变革"应试学力""竞争主义教育""应试教育的教学"的愿景，提出了具体的实践策略	选读
8	《核心素养与教学改革》	钟启泉、崔允漷主编，华东师范大学出版社2018年版		《核心素养与教学改革》是核心素养研究的重要读本。《核心素养与教学改革》围绕"核心素养与教学改革"，从"核心素养""核心素养与教学改革""核心素养与评价改革"三个方面对核心素养进行梳理对于全方位理解和把握核心素养的内涵具有重要参考价值	选读
9	《思维第一：教学设计与实施》	王殿军主编，教育科学出版社2020年版		作为思维导学理论先导篇《思维第一：全面提升学习力》(教育科学出版社2018年出版)的姊妹篇，这本书在理论引导和专家引领下，汇集了清华大学附属中学等四所名校的教师们基于教学实践的研究成果，更突出学科专业性、实操性和示范性，可以称为课堂实操篇	选读
10	《思维模型：建立高晶质思维的30种模型》	[美] 彼得·霍林斯著，中国青年出版社2020年版		读了这本书才知道，原来很多事情都可以利用思维模型的方式来思考，这样一来效率明显提升了很多。书中提出的几种思维模型，都是我们生活和工作中非常常用的，干货满满	选读

图7-3-1

2. 定向开展专题式教研

教师在立人课堂的教学实践中，常常会遇到很多共同的问题，这些问题很难通过个别教师在教研活动中解决，这就需要全体教师围绕这些问题，立足"立人课堂"教学改革的实施与推进，定向开展专题式研究。比如在深入开展"立人课堂"实践与研究阶段，在原来的课改工作小组的基础上，又专门成立了专题研究小组，针对"立人课堂"教学模式中的必备环节，根据不同的专题进行深度研究；同时各学科又以科组为单位，根据本学科的特点，进行不同课型的细化研究。

针对"立人课堂"课堂模式的深入探索，各专题小组每月定期分专题分重点地组织研讨沙龙活动。专题研讨沙龙的侧重点也有所不同：第一阶段的研讨沙龙主要是侧重初步形式的探讨，第二阶段的研讨沙龙主要侧重于规范化。规范化包括：形式多样化探索，内容分专题，沙龙策划主体由各专题小组负责，要求每个专题小组本阶段至少组织一次专题研讨沙龙等。通过研讨沙龙的规范化开展，促进学校的教研氛围，助力课堂教学改革，为深化"立人课堂"实践研究夯实基础。

同时，学校要求每一位实验教师根据自己的课堂改革实践，以成果化为导向，积极撰写教学论文，申报校本乃至省市课题，进行实质性的教学研究。在坚持教研结合实施下，我校仅2020年就有16篇论文获省市级的二等奖以上，成功申报了3个省级课题和9个市级课题，教研成果丰硕。

立足"立人课堂"教学改革，开展多样化的教研活动，以学习型、专题化为特点，借助各学科的教研课题研究为契机，逐步形成具有"立人课堂"特色的教研攻关，全面可持续推动课堂教学改革的深化。

以教促研，教研立教，品质立人。总之，我校推进"立人课堂"，始终坚持"教研结合"，才是提高教师整体素质的实用之路，才能使课改创新、持久深入地开展并取得实效。通过课堂教与学模式改革实验，探索出一条适合我校师生的教学、教研之路，从而使其常态化，让所有的八中人都因此受益，这是我校教学改革的初衷，也是我们一直坚持的方向。

二、坚持"常态实施"

经过前期的课改实验团队的实践探索、倾力浇灌、全力培育，立人课堂的种子在八中破土萌芽，蓬勃葳蕤，日益苗壮。我校课改建设团队意识到，只有让"立人课堂"走进常态化教学中，才能让新生的课堂模式真正地落地，从根本上转变教师教学观念，整体提升学生综合素质能力。坚持"立人课堂"教学模式的常态实施，在不断的优化中推进"立人课堂"教学改革的生态化。

（一）注重细节，规范流程

落实常规化教学，同时要注重细节和流程的规范。注重对老教师以及对课改存在一定偏见的教师进行及时的心理和认识上的疏导，让他们愿意尝试新的教学模式，接受"立人课堂"教学模式的常规化推进。每学期定期开展两次以上常规化推门听课活动，每次推门听课活动都是经过周密规划，认真准备，过程严谨规范。听课考核团队主要由学术委员会、科组长和立人课堂实验骨干教师组成，覆盖9个文化学科，涉及高一、高二年级。上课老师要严格按照"立人课程"教师模式进行教学设计与研磨学案编写，课堂中严格遵循教学环节，教学过程要具备"立人课堂"的四要素，强化思维工具的使用，强调学生小组合作学习和表达的规范性，也要求教师给学生充分的时间内化所学，梳理思维路径，做到自主探究和合作学习相结合。推门听课的老师要严格执行"立人课堂"规范化实施常规课考核团队听课流程。

表7-3-1

"立人课堂"规范化实施常规课考核团队听课流程			
听课步骤	听课要求	负责人	备注
听课前	提前5分钟到达听课教室，熟悉听课评价标准，规范听课	听课小组长（学术委员）	提前一天通知组员
听课过程	认真及时填写听课反馈表 同步扫码提交反馈表电子版	听课所有成员	课后交给小组长（学术委员）
	以照片或小视频的形式记录听课过程（内容可以为课堂精彩环节、授课教师风采、学生课堂表现状态与听课教师团队观察课堂状态等）	第一批实验老师	上传位置：FTP/教导处/立人课堂/2020—2021年第二学期/"立人课堂"常规听课反馈

"立人课堂"规范化实施常规课考核团队听课流程			
听课步骤	听课要求	负责人	备注
听课过程	上课后随机抽问学生的反馈	听课所有成员	
听课后	小组长及时汇总将听课意见反馈	学术委员会委员为主引导反馈	学术委员会委员最终每人提交一份听课反馈至QQ群
	在第二天内将听课汇总意见与授课教师进行沟通并提出改进意见，并向小组长反馈被听课教师意见	学科备课组长或科组长	最终提交一份本备课组小结至FTP
	收集反馈表并拍照上传	听课小组长（学术委员）	上传位置：FTP/教导处/立人课堂/2020—2021年第二学期/"立人课堂"常规听课反馈

当然，这一切的常态有序规范地落实，还离不开制度的保障。我校课改工作小组在领导小组的指导下，结合我校的实际教学情况，通过不断地修订，出台了《立人课堂常规课推门听课方案（试行）》和《"立人课堂"规范化实施常规课考核方案（讨论）》，设计和完善了《东莞市第八高级中学"立人课堂"常规化听课反馈表》，重新设计听课本样式并印制使用，更加细化地明确了"立人课堂"听课教学评价点、师生课堂关键行为观察表等。通过一系列的规范、细化的指导，常规化推门听课活动已经逐渐成为教学教研的一个常态，"教师少讲十分钟"，是我们教学改革最接地气的口号，把时间还给学生，让学习真正发生，也是每一位走进教室的老师对自己最基本的要求。

（二）及时反馈，评价激励

常规推门听课后的及时反馈对上课老师尤为重要。而以学术委员会为主导的听课团队按照学校的要求，规范听课，认真填写听课反馈表，及时进行课堂的拍照记录，也可随机抽取学生听取反馈，最后形成文字反馈给上课老师。每天的推门听课结束后，学术委员会代表会总结当天听课情况，并在全校QQ群共享点评。这样的及时反馈能让上课教师最直接获取课堂评价，反思

实践篇

课堂教学，优化教学设计，进一步提升教学能力。常态化的进一步推进同时少不了制定评价机制来激励教师。评定方式采取学生评价反馈与课改考核团队推门听课反馈相结合的方式：学生评价反馈主要是通过不记名调查问卷形式，占课堂教学实施考核的40%；课改考核团队反馈由教务处主导，课改考核团队实行推门听课，评定教师课堂实施情况，占教学实施考核的60%。按照评价机制，我校定期评选常规化实施优秀教师。

学术委员会常规化听课点评

【"立人课堂"常规化听课小结（10月26日）】

各位老师，根据学校既定安排，今天"立人课堂"常规化推门听课有序进行，全体听课组成员共听取了高一语文、数学、英语、化学、生物、地理等学科共8节课。这8节课上，上课教师基本上采用了"立人课堂"教学模式，课堂上自主、合作、探究的学习方式得到较好的运用。教师课堂驾驭能力和处理教材的水平都非常精到，每个课堂都有自己的特色和亮点，可谓精彩纷呈。如鞠学娟老师的课堂，采用了组内小组合作、组间相互竞争的竞赛活动，极好地激发了学生的学习兴趣，活跃了整个课堂气氛；赖司其老师指导学生绘制的思维导图，既呈现了课堂逻辑思维，更彰显了学生的个性和创造力；黄芳芳老师充分尊重教材，合理使用资源，丰富的课件及多样的教学化手段，让学生领略到了信息技术与教学融合的魅力……当然，我们的课堂还存在一些不足，需要进行更大的优化：教学设计逻辑不够严谨，小组合作学习运用还不够充分，小组成员角色意识不强，有些课堂还没有真正做到少讲10分钟……总之，我们已经有了一个很好的开头，希望我们全体教师上下同心，共同努力，深入推进"立人课堂"教学模式，进一步优化课堂，把我校教学质量上升到一个新台阶！

——黄文俊老师

【"立人课堂"常规化听课小结（10月27日）】

各位老师，根据学校既定安排，今天"立人课堂"常规化推门听课共听取了高一生物、数学、物理、语文、英语等学科共5节课。上课教师教态大方、得体，语言干练简洁，教学环节安排合理。大部分课堂教学能努力采用

"立人课堂"教学模式，学生小组合作任务明确，学生互评、教师点评相结合。其中黄佳玲老师善于利用身边小物件设计小实验，让学生亲身体验，并引导学生透过现象，分析归纳，抓住问题本质。不过，课堂教学还是暴露了几个明显问题：①思维工具运用不够，缺乏学生自主总结、归纳。②合作探究环节设计较少，学生几乎被动在听，热情不高，课堂效果不理想。③讲课时间偏多，留给学生思考、讨论、交流的时间少。建议：①查阅资料，明确"立人课堂"教学模式各环节及技术要点，精心设计教学。②多思考如何调动学生合作探究热情，更多采用学生合作讨论的形式，区分不同知识点和能力要求，让学生会的自己学，不会的合作学，而重难点老师讲，合理分层处理教学会更理想。新教材、新课标、新高考呼唤课堂改革，而我们已经在路上，并且是一群朝着同一目标砥砺前行的创新者。改革总会有阵痛，希望我们全体教师不忘初心，共同努力，深入推进"立人课堂"教学模式，进一步优化课堂，把我校教育教学质量提升到一个新台阶！

——刘昌波老师

【"立人课堂"常规化听课小结（10月28日）】

各位老师，根据学校既定安排，今天"立人课堂"常规化推门听课共听取了高一地理、历史各一节课。

优点：①上课老师教学基本功扎实，语言简洁，对重难点的讲解透彻，环环相扣，逻辑清晰；教学环节完整，衔接流畅，讲练结合，当堂消化。②课堂探究有活动安排，尝试运用"立人课堂"教学模式。③尽量照顾到不同层次的学生状态，大部分学生积极参与课堂教学活动。

存在问题：合作探究环节未有效落实、不深入；教师讲解时间偏长，留给学生思考、内化的时间少，学生专注力难以长时间保持；思维工具使用较少，效果有限。

建议：尽快熟悉"立人课堂"教学模式，掌握其要义，研读新课标和新教材，对教材进行整合，化繁为简，精心设计教学；缩短老师讲的时间，留出时间给学生内化与合作探究；围绕重点、难点精心设计合作探究的问题，调动学生深度学习的积极性。

"立人课堂"教学模式，需要大家的智慧、参与，合作共赢，构建八中

实
践
篇

命运共同体。

——李红霞老师

（三）反思优化，生态推进

通过常规化教学的开展，"立人课堂"教学模式真正落到实处，使全校师生都真实地参与到课堂改革中，通过教师和学生在日常教学活动中的检验与反馈，不断地反思和优化课堂教学中的每个细节、每个流程、每个评价，逐步形成师生共进的生态化课堂。

1. 及时开展问卷调查

常规化的实施与有效的推进，需要及时获取全校师生的反馈，了解师生对新生教学模式的看法以及优化建议。我校目前已开展了4次问卷调查，完成了4篇有关师生的调查反馈报告：《东莞市第八高级中学高一年级学习调查问卷报告》《有关我校"立人课堂"深入推进情况的调查问卷报告》《"立人课堂"常规化落实评价与反馈报告（教师版）》《"立人课堂"常规化落实评价与反馈报告（学生版）》。

2. 适时进行阶段总结

阶段调研总结更加全面细致地分析目前课堂改革存在的困境以及深入思考接下来应该如何推进，因此，我校在常规化推进过程中，不忘适时进行阶段总结，撰写调研总结报告，优化课堂改革，为下一阶段的课堂生态推进指明方向。

大胆探索　稳步推进

——东莞市第八高级中学"立人课堂"教学模式实践阶段性总结报告

一、立人课堂教学模式开展背景与现状

（一）立人课堂教学模式实践开展背景

在信息化2.0的大背景下，以科学发展观为指导，认真落实《中共中央国务院关于深化教育改革全面推进素质教育的决定》、教育部《基础教育课程改革纲要（试行）》精神和《广东省普通高中新课程方案（实验）》要求，结合东莞市课堂教学发展趋势，根据我校多年课改经验，同时借助新教材使用的契机，大力推进立人课堂教学模式探究，努力构建特色鲜明、符合时代

要求、充满活力的学科课堂教学模式，以全面提高教师教育教学水平，实现我校教育教学质量的跨越式发展，为培养和造就适应当代的优秀人才奠定坚实的基础。

（二）立人课堂教学模式实践现状

1. 立人课堂教学模式实践总体规划

为了实现我校课堂教学模式的有效开展，我校立人课堂教学模式探究将通过实验探索阶段（以"了解其他课堂模式—寻求专家团队专业指导—创新适合自己的课堂教学模式"的步骤逐步开展立人课堂教学模式探究；遴选实验骨干教师从不同方面尝试立人课堂教学模式，不断改进存在的问题，进行集体反思和交流，完善立人课堂教学模式，总结经验）、校内普及阶段（将上一环节在不同学科不同课型的新课堂教学模式研究成果推广应用到高一年级。借助高一新教材的普遍推广，将新教材的探讨与立人课堂教学模式完善化进行有效结合，整体提升教师的专业素养；通过骨干实验教师上示范课、公开课与研讨课的形式为本校推广立人课堂教学模式做好榜样示范作用；推进课堂教学模式的常规化，教学研磨学案与教学设计案的模板化，帮助教师更快更好接受立人课堂教学模式）和全面推广阶段（提升立人课堂教学模式的影响；帮助立人课堂教学模式走出去，强化立人课堂教学模式的成果；集体反思和交流，形成论文集和成果集，总结经验）逐步开展。

2. 立人课堂教学模式实践现状

当前我校立人课堂教学模式实践处于第二个阶段：校内教学常规化阶段。在本阶段，主要采用"立人课堂骨干教师示范—校内公开课模式化—高一年级课堂常规化听课"的方式进行校内立人课堂教学模式常规化的开展。从在全校开展新教材立人课堂教学设计大赛，到立人课堂教学骨干教师开展9门学科"基于新教材的'立人课堂'教学示范课"，再到立人课堂教学骨干教师开展"不同课型立人课堂教学研讨课"，其中包含每月针对不同课型与学科的常规化推门听课活动，针对立人课堂必备环节进行的研讨沙龙活动等。

当前立人课堂教学模式常规化阶段开展得较为顺利，在学校获得了较多教师的赞同，认为此教学模式有实效，能落地，对教学有帮助，越来越多教师开始在课堂中运用此教学模式，且带动了学生综合素质的提高，在社会上也获得较高的评价。

二、立人课堂教学模式实践阶段性成果

（一）学校教研氛围浓厚

1. 教研活动丰富多彩

教学设计大赛、示范课、研讨课、教研沙龙、推门听课等活动的开展，带动了学校教研氛围浓厚。科组内部互相听课探讨、科组之间互相学习交流、课堂教学骨干教师科组内分享会、校内立人课堂教学模式推广的专题讲座，从课堂整体模式的学习研讨到课堂必备环节的深化讨论，从探究课堂教学模式如何更好融入本学科到讨论课堂教学模式如何更符合我校学情，立人课堂教学模式实践重新点燃了我校教师教研热情。

2. 教研成果喜报频传

当前我校围绕立人课堂教学模式探究实践的相关课题有2个省级课题、7个市级课题。所有的课题都在有序稳定开展过程当中。同时，老师们积极撰写论文，围绕立人课堂教学模式相关内容撰写的论文已有市级一等奖1篇、市级二等奖2篇，等等。虽然我校立人课堂教学模式实践开展还不到一年时间，但教研成果已经喜报频传。

（二）社会各方肯定认同

从立人课堂教学模式实践的过程当中，得到了学校教师与学生的认同。通过立人课堂教学骨干实验教师的教学反思、听课教师与参与学生填写的教学反馈意见、学校进行的"立人课堂教学模式推进问卷调查"等方式中都可以感受到学校内部师生的肯定。

同时也受到了来自华南师范大学廖文博士团队的多次肯定，来自首都师范大学的教授从教育信息化的角度对我校的立人课堂教学模式与智慧教育的高度融合表达了认可与肯定，东莞市教育局教研员通过对当前东莞市化学学科开展的深度学习与我校教学模式进行对比，肯定了我校立人课堂教学模式深度提升学生思维能力，贯彻了以学生为主体、教师为主导的教学理念。

（三）教学成果硕果累累

当前，我校已经开展面向全校教师立人课堂教学模式实践的公开课23

节，其中包括"基于新教材的立人课堂示范课"9节、迎专家研讨课2节，不包括科组内部公开课与当前开展的立人课堂不同课型研讨课。基于新教材的立人课堂教学设计课58节，优秀教学课例18节，课堂教学模式的研磨手册编撰正在高一9门学科中有序开展。教学微课80节，教学总结与教学反思40篇。

三、立人课堂教学模式当前开展的困难

（一）课堂教学模式推广化

当前虽然我校立人课堂教学模式开展得如火如荼，但是缺乏推广我校教育教学成果的平台。在新高考改革、新教材普及、教育信息化的大背景下，我校师生做出了较多的努力，也取得了不错的成果，如何将我校立人课堂教学成果进行宣传推广是最大的困难之一。

同时，如何将当前教学实践成果进行理论化和系统化，形成切实可见的教学成果也是我们面临的重要问题。

（二）课堂教学模式精细化

作为新的教学模式，将课堂教学模式与不同学科不同课型进行契合是重点，当前我校已经开展了9门学科的新授课、一轮复习课与二轮复习课的有效探索。但如何灵活运用立人课堂教学模式到不同学科中是难点。很多老师能理解课堂教学模式的必备环节，但在灵活运用上还存在很多困惑。解决这个问题需要推动学校层面对立人课堂教学模式的必备环节进行更加系统化、专业化和准确化的改革，给更多教师出去学习的机会、开展更多专题研讨教研活动、给骨干教师开展更多精英化培训、协调教师事务性工作与教研工作的分配等都是我们急需解决的问题。

（三）课堂教学模式智慧化

当前任何先进教学都离不开现代信息技术的支撑，基于我校"东莞市现代教育技术实验学校""东莞市云教育平台支撑下的智慧（翻转）课堂教育试点学校""2019年广东双融双创中心校""2019年广东省中小学智慧校园中心校"等省市级项目为契机，全面提升我校及我校教师信息技术水平，构建基于课堂、应用驱动、注重创新、精准测评的教师信息素养发展新机制，研教结合，培养一支掌握现代教育理论和教育信息技术的优秀教师队伍。同时提炼智慧课堂教学模式，逐步实现基于大数据的精准化、个性化的教

实践篇

与学。

（1）实现全校覆盖无线网络，加强安全网关与上网行为管理系统的建设，支持移动学习、教学和办公应用在全校范围的应用。

（2）基于技术支持下的大数据反馈，将教学评价量化，将课堂评价与学习评价进行及时精准反馈，实现个性化学习和反思性教研。

（3）逐步开展以实践能力为导向的教师信息化校本培训研修、微能力学习等，全员完成25课时的网络研修和25课时的校本研修任务。

信息化2.0的大背景下，如何在我校省级信息化试点校的基础上，让立人课堂借助信息化技术变得更高效也是当前需要克服的困难之一，特别是如何让教学数据精准化、及时性反馈给教师，以便做出更快的教学策略调整。

四、立人课堂教学模式开展的期待成效

解决立人课堂教学模式实行推广过程中存在的问题，进行集体反思和交流，形成论文集和成果集，总结经验，同时提升立人课堂教学模式的影响；通过教师参赛、校际间送课交流、请专家团队推荐方式帮助立人课堂教学模式走出去，强化立人课堂教学模式的成果。

三、坚持"务实笃行"

（一）务实笃行，行稳致远

明代著名思想家王阳明有句话："辨既明矣，思既慎矣，问既审矣，学既能矣，又从而不息其功焉，斯之谓笃行。"大概意思就是，当我们在做学问的时候，已经能分辨清楚，能思考缜密，能问得详细，很多东西都已经学会了，还是坚持持续不断地用功，这就叫笃行。其实，任何事情要做到炉火纯青，就要脚踏实地、持之以恒地付出加倍的努力。务实笃行是获得成功的必要前提。我校"立人课堂"教学范式的构建和实施是一个漫长的探索过程，在校长极具前瞻性思想的带领下乘风破浪，扬帆前行。校长一直倡导并积极推进课堂改革，学校的领导层及课改工作团队也一直以务实笃行的工作态度积极参与到课改的实践中，明确信念，坚定决心，统一思想，扎实稳妥地推进"立人课堂"深化实施。使得在艰难的课改之路上，每个阶段每个任务每项工作得以顺利高质量的完成。

（二）科学严谨，扎实推进

深化"立人课堂"教学改革是一项复杂的系统工程，不能一蹴而就，必须科学严谨，分步实施，扎实推进。

从推进的广度看，以下是2020年5月至2021年7月，我校"立人课堂"实施过程中所开展的一系列主要工作。从专家理论引领到团队的专题研讨，从教师专业培训到学生的通识培训，从课例研讨到教研沙龙，从规范实施到阶段总结……如果不是领导和团队的务实笃行，不可能高质量地完成这18件大事以及没列入表中的一件件小事（见表7-3-2）。课堂改革，我们用心、务实地走在路上，从未犹豫，也从未停止。

表7-3-2

时间	立人课堂活动内容	时间	立人课堂活动内容
2020年5月	廖文团队深入介绍课堂模式	2020年9月	新教材示范课及省专家现场指导
2020年6月	立人课堂教学模式培训研讨会	2020年10月	北京首都师范大学专家现场指导
2020年7月	实验老师上研讨课及专家指导	2020年11月	常规化听课活动
2020年7月	实验老师磨课及课后研讨交流总结	2020年12月	全学科研讨课及总结
2020年8月	立人课堂之小组合作组建经验介绍	2021年2月	深入推进方案公示及规范化培训
2020年8月	相关理论书籍购买与交流	2021年3月	立人课堂规范化实施常规化听课
2020年9月	立人课堂阶段实施方案公示	2021年4月	省市全学科展示课及总结
2020年9月	思维工具运用培训专题	2021年5月	论文撰写沙龙
2020年9月	班级小组合作团建培训	2021年7月	"立人课堂"理论总结

从推进的深度看，我们始终坚持严谨务实、笃行致远的态度，逐渐摸索出各项活动能扎实推进的有效路径，具备以下5大特点。

1. 策划活动

每一次的活动都不是随意举行的，也不是无目的没主题的，而是经过教改领导团队和改革工作小组组长们的深思熟虑，有目的有主题有内容有针对性地、分层次进行不同方面的详细策划。因此，每一次的活动都有详细的活动方案，跟着方案走，每一步都走得踏实而有计划。

2. 成立团队

俗话说："一个人可以走得很快，但是一群人可以走得很远。"因此，除了常规的课改团队之外，每一次活动我们都会根据需要组建临时团队，助力活动的圆满实施。比如每一次的"立人课堂"课例研讨展示活动，我们有由学术委员会、科组长、实验教师团队以及各科组成员组成的磨课团队，参与到每一次上课老师每一次的磨课中并给予建设性及可行性修改意见，优化每一次的教学设计和课堂教学；我们有由学校信息科组、课改团队中的信息技术赋能组提供课堂教学中的各种技术支持；我们有由实验老师和科组成员组成的后勤组，保障每一节展示课的教学资料发放、评价问卷收集、摄影等。团队的助力，每一步都走得扎实而有信心。

3. 反复研讨

每一次活动的推进也离不开精心组织、反复研讨。比如每上一次"立人课堂"公开课，都会组织1—2次科组内的小研讨，2次以上实验团队的反复研讨。通过研讨，能更加明确课堂教学存在的问题，共同探寻解决的方法，更高效地落实课堂改革的细节，完善课堂改革的环节。比如举办专题化的研讨沙龙，实验教师团队会针对选择何种主题进行反复研讨最终敲定，以便沙龙的顺利进行。反复研讨是每一次课改活动的教研重心，通过不断打磨切磋，每一步都走得稳重而有底气。

4. 异质交流

这里谈的异质交流，指的是每一次的活动都做到有不同类型、不同学科、不同层次的老师参与交流。还是举"立人课堂"展示课活动的例子，每一次的展示课磨课或者是最后的正式课，我们都有明确邀请不同学科的老师参与评课议课，力求从不同学科角度提供不同的建议，互相借鉴，促进学科融合，实现真正的交流促进。不同类型、不同学科、不同层次的老师相互学习交流，每一步都走得广阔而有深度。

5. 总结反思

古语有云："见贤思齐焉，见不贤而内自省也。"经常的自省，是智慧人所为。我们深知总结反思在推进"立人课堂"各项工作中的重要性，于是在每一次活动结束后，我们要求进行不同层面的反思总结：有个人反思、科组总结、阶段总结等；通过各种形式进行反思总结：有撰写教师个人教学反思，有召开全校或者课改团队的阶段工作总结会等。目前，我们已经分别召开了三次大型的总结会，分别是"不忘初心、不负韶华"的立人课堂第一阶段总结暨新学期课改工作推进大会、"凝心聚智，厚积薄发"立人课堂第二阶段总结研讨会、"深入推进'立人课堂'教学改革之第四期研讨展示课活动"总结会。每一次的总结反思都能让我们回顾历程、不忘课改初心，同时坚定课改决心与信心，收获课改带来的种种硕果，每一步都走得坚定而又沉稳。

课堂教学改革是一个复杂的、动态的不断循环反复的过程。需要我们不断研讨、实践、反思、完善、总结，不断巩固深化所取得的成果。推进课堂教学改革，构建高效智慧课堂，打造品质教育，事关未来，任重道远，也是我校进行教育探索、创新和深化的必由之路。改革永无止境，创新永不停息。未来已来，我校全体师生将以"立人课堂"为契机，真抓实干、锐意实践，让学习真正发生，让智慧显而易见，让成长无处不在！

坚信方向，笃行致远，未来的模样，都藏在努力的脚印里，时间会说话，走的每一步都会开花结果！

实
践
篇

参考文献

［1］艾伦·C.奥恩斯坦，费朗西斯·P.汉金斯.课程：基础、原理和问题［M］.柯森，主译.南京：江苏教育出版社，2002.

［2］汤卫胜.在课改中加强教学研究的几点思考［J］.宁夏教育，2003：24-25.

反思篇

基于新教材高中思想政治学科的
"立人课堂"实践思考

单纯的经验积累并不意味着教师成长和成熟,课堂教学研究的关键就是做"反思性实践"研究。学校只能从内部发生变革,而从内部变革学校的最大推进力则是教师作为"反思性实践者"的成长和学校作为"学习共同体"的形成。

第一节 《使市场在资源配置中起决定性作用》教学设计

一、新课程标准、新教材及高考考点要求

（一）新课标内容要求

《普通高中思想政治课程标准（2017年版2020年修订）》要求第二课《我国的社会主义市场经济体制》评析市场机制的优点与局限性，辨析经济运行中政府与市场的关系，解析宏观调控的目标与手段。本框主要以发挥市场决定性作用为主线，评析市场机制的优点与局限性。

（二）从新课程标准的教学提示

探究在资源配置中市场起决定性作用和更好发挥政府作用的道理，明确社会主义市场经济体制的特点。可结合企业经营活动的特点，或调研某商品的生产和销售情况，引用典型案例，说明市场在资源配置中如何发挥决定性作用。可调研某市场，分析市场调节的局限性，就如何更好地发挥政府作用提出建议。用课本上学到的知识，解决日常生活中的现实问题；也可以是审美的，品味作者一词百炼的匠心之笔。

二、学情分析

（一）共性分析

高中学生思维活跃，具备分析社会生活具体现象的热情，能够对经济现象形成初步的理解和评价。高一学生刚刚接触经济学，受生活经验和知识水平所限，难以全面地认识计划和市场的作用。同时学生理解抽象的市场配置

反思篇

资源的基本原理和机制存在难度，对价格、供求、现代市场体系等知识的掌握情况影响着学生对本课内容的学习。

（二）个性分析

本班同学有张山、李斯等5位同学的思维及理解能力较强，但需要提高其精准表达能力；有以赵流为代表的20位同学整体学习比较认真，但通过导学案可以发现其对理解抽象的市场如何配置资源原理还需要加强；还有孙舞为代表的6位同学在学习态度上还有待提高，需要表扬与监督。

三、教学目标与5C核心素养

（一）按照布卢姆教学目标分类学分类

按照布卢姆教学目标分类学，将本课教学目标细分为事实性知识、概念性知识、程序性知识和元认知知识四部分。（见表8-1-1）

表8-1-1

教学目标 （重难点）	事实性 知识	视频情境了解资源配置的基本手段；课前预习了解供给与需求的关系
	概念性 知识	流程图填写理解市场配置资源方式；现实情境材料区分市场调节弊端的原因及表现
	程序性 知识	结合市场优缺点对比图分析市场配置资源的基本原理和机制；材料分析及合作探究分析建立现代市场体系的措施；用3WRH（七何分析法）法梳理清晰经济材料分析的基本构成要素
	元认知 知识	课前能力值、课中期待值与课后能力值的评判激发学生自身学习动力；根据不同层次的学生提出不同要求，达到分层教学与学生对自身能力元认知进行理性判断；利用师评、生评与组评激发学生对自身能力提升保持期待

（二）5C核心素养

在大议题"疫情下口罩的传奇经历"下，让学生树立合理配置资源与节约资源的意识，了解社会主义市场经济在正确处理政府与市场关系方面的优势，坚定社会主义信念，树立自觉遵守和维护市场秩序与规则的观念。运用思维图流程图和优缺点对立图培养学生审辩思维，引导学生提升逻辑思考能力与辩证思维能力，开拓学生思维，提升创新能力。通过小组合作与讨论，提升学生倾听理解与有效表达的政治学科素养，也培养学生的语言沟通能力、合作能力和团结精神。

四、教学内容与组织设计意图阐述

表8-1-2

	教学过程		教师活动	学生活动	设计意图
教学设计	关于口罩的一切（疫情下口罩的传奇经历）	学习动机激活	播放优酷视频《关于口罩的一切（下）：口罩流行的背后》	观看视频	用视频导入激发学生兴趣，营造本课情境氛围与学习氛围
			1. 检查学生的研磨学案中的预习学案部分，并在课堂上表彰态度认真或进步较大的学生；2. 邀请学生分享课前能力与期待能力值	1. 认真完成研磨学案；2. 请两个同学分享课前能力与期待能力值的自我评价表	1. 对学生预习学案的反馈更好落实分层教学与精准性教学；2. 邀请个别学生分享期待能力，激发学生元认知学习动力
	子议题一：口罩涨价口罩上热搜	师生互动	1. 设置议题思考；2. 引出资源配置必要性、基本手段与市场配置资源的主题内容	思考议题：为什么会出现高价仍然一罩难求的经济现象？如何解决呢？	1. 从市场经济的案例现象导入新课，激发学生学习兴趣；2. 让学生发现资源合理配置的必要性
	子议题二：口罩涨价之争	个人内化思考	精选时政材料，提炼议题，要求学生阅读材料与单独尝试完成流程图	阅读材料中正方观点，根据课前预习，画出材料中的关键词，完成教师提供的流程图。（用蓝色笔单独完成）	1. 根据学生的不同层次设计不同要求，进行分层教学；2. 在小组讨论前有个人思考才能让合作探究更有效
		合作探究	同学之间两两互相表达书写意图，要求用不同笔记录成长	向伙伴表达自己流程图的意图，在讨论中完善所填流程图	会写不如会说，互相说出来能让学生更好地梳理与理解资源配置的方式
		教师精讲	1. 教师点拨专业词语；2. 提炼议题材料中关键词语，共同完成优缺点对立图	与教师一起提炼议题材料中关键词语，共同完成对市场调节的优缺点分析	陈友芳教授说对于严格的定义应该留待大学的专业教育去解决，我们对于教材中没有定义的概念，老师们通过列举的方式即可

反
思
篇

立
人
课
堂

——核心素养视域下 高中课堂 范式的构建与实践

	教学过程	教师活动	学生活动	设计意图
教学设计	学生内化	精选时政材料，提炼议题，要求学生认真阅读材料反方论点，根据老师刚才的示范步骤，单独尝试完成优缺点对立图中缺点部分的总结	阅读材料中反方观点，根据课前预习，画出材料中的关键词，完成以下市场调节优缺对立图中的What/Why/Result三个部分的填写。（用蓝色笔单独完成）	创设生活情境，激发学生学习兴趣，以通俗易懂的案例，突破重点；同时培养学生分析与综合的思维方法，以及解读获取有效信息、描述阐述事物的能力
	合作探究	1. 设置两个不同等级问题，要求学生在小组讨论中有挑选地完成优缺点对立图中缺点部分的总结；2. 通过小组展示，进行小组之间的互评，互相补充要点	要求学生针对两个任选题（选一或都选）问题，在小组讨论中完成优缺点对立图缺点部分的填写。（用红色笔完成）	通过两个不同等级问题对学生进行分层教学，帮助所有的学生都有表达的机会。通过阅读材料，完成对立图，培养与提高学生解读获取有效信息、调动运动知识、描述阐述事物的能力，提高系统思维与辩证思维能力
	风采展示	1. 设置开放性问题，如：请针对市场调节的相关内容，谈谈你对口罩涨价的理解；2. 教师负责记录所讲要点，给予学生个人展示风采的舞台	结合材料，说说你更赞同哪一方的观点？说说理由	设置开放性问题，引导学生综合分析问题，给予不同学生展示自我的空间，同时提高学生的全面与辩证看待问题的思维能力
	子议题三：口罩的红与黑 / 学生内化	精选议题二材料，设置不同等级问题，要求学生在个人思考的前提下归纳不同的主体如何规范市场秩序	仔细阅读议题二，圈出关键词，根据已经学习的市场调节优缺点依据与结果，思考归纳发挥好市场在资源配置中发挥决定性作用的措施	虽然不同的学生完成度不同，但给予学生思考的空间不仅能让合作探究更有效，同时还能提高不同学生的学习兴趣

	教学过程		教师活动	学生活动	设计意图
教学设计	子议题三：口罩的红与黑	合作探究	1.精选议题二材料，设置议题，完成对立图； 2.明确要求，找主体再寻找措施	个人思考后小组内合作探究，归纳发挥好市场在资源配置中发挥决定性作用的措施。（要求用不同颜色的笔显示填图过程）	创设生活情境，激发学生学习兴趣后，以图表的方式更加直观地让学生理解现象、原因、结果与怎么做的联系，促进学生对规范市场秩序的措施的理解，加强学生的思维能力，找到更有效的学习方法
	总结升华	教师精讲	1.总结本课重难点及经济生活分析情境的基本要素和实际运用； 2.小结本节课主要知识构成； 3.小结学生这节课的总体表现	1.尝试独立完成本课思维导图； 2.完成课后评价表	教师的总结应该包括知识、能力与学生表现三个部分，只有这样才能让学生成长更快。 课后评价表更是激发学生持续学习热情的重要环节

五、教学设计总体说明

　　本教学设计源于立人课堂教学模式的具体运用，主要特点表现为以学生为中心，侧重于激活学生学习动机、学生内化后合作探究和锻炼学生思维的可视化与结构化；同时以教师为主导，侧重于教师备课中知识目标与能力情感目标的细化、突出教师教材梳理与结构化和注重学生分层教育。学生研磨学案、教师设计案和教学评价量化为三大环节。

　　本堂课以大议题"疫情下口罩的传奇经历"为中心，以视频《口罩流行的背后》为导入激活学生学习兴趣，接下来以"口罩涨价上热搜""口罩涨价之争""口罩的红与黑"三个子议题切入。子议题一解决合理配置资源的必要性与了解两种基本经济的含义问题。子议题二通过最近对口罩涨价的普遍争论的论点来解决本课的重点：市场配置资源方式及优缺点。子议题三通过分析市场的问题与当前采取的措施，解决如何规范市场秩序问题。三个议题层层递进，同时总体情境来源于生活，选取的学习资源鲜活有吸引力，通过各种活动方式来完成知识目标与能力情感目标。

学会基本知识是高中教学必须要面对与解决的现实问题，但提升学生思维能力与学生综合素养才是我们当前教育的最终目标。为学生的终身发展负责，是为所有的学生及学生一辈子负责。激活学生学习动机、培养学生思维能力、注重学生分层教育等是我们立人课堂关注的重点。

第二节 《使市场在资源配置中起决定性作用》研磨学案

一、学习目标

（一）课标要求

《普通高中思想政治课程标准（2017年版2020年修订）》求学生能以发挥市场决定性作用为主线，评析市场机制的优点与局限性。

（二）学习目标

通过对口罩涨价之争的相关情境了解，分析议题，明晰市场配置资源的优点和局限性，构建市场配置资源的知识体系，感悟市场经济的优越性；认同我国规范市场秩序的必要性和建立健全社会信用制度的必要性，应用迁移市场配置资源知识，进一步培育政治参与的意识和能力，提高对生产决策等经济行为的解释与论证、预测与选择、辨析与评价能力。

（三）学习重点

（1）分析市场配置资源的基本原理和机制。

（2）分析建立现代市场体系的措施。

（四）学习难点

结合市场优缺点对比图分析市场配置资源的基本原理和机制。

二、课前学习案

（一）基础知识梳理

1. 怎样合理配置资源（手段）

（1）计划（弥补，看得见的手）。计划经济：在资源分配中起基础性作用的经济就是计划经济。

（2）市场（基础，看不见的手）。

① 市场经济：在资源分配中起（　　　）作用的经济就是市场经济（但不意味着全部的资源分配都通过市场来进行）。

② 市场调节的方式：通过（　　　）、（　　　）、（　　　），调节人、财、物在全社会配置。

③ 市场调节的优点：能够通过价格涨落比较（　　　）、（　　　）、（　　　）地反映供求关系变化，传递（　　　），实现（　　　）。商品（　　　）、（　　　）在利益杠杆的作用下，积极调整（　　　），从而推动（　　　）和（　　　）的进步，促进（　　　）和（　　　）。

2. 市场体系

（1）（　　　）的市场体系，是使市场在资源配置中起决定性作用的基础。

（2）建设现代市场体系要建立公平开放透明的（　　　）；实行统一的市场制度；实行统一的市场；建立健全社会体系；健全优胜劣汰市场化机制。

（3）建设现代市场体系要完善（　　　）的机制。

3. 市场调节的局限性

（1）市场调节不是万能的。市场解决不了（　　　）、（　　　）、（　　　）等公共物品（具有非竞争性和非排他性）的供给问题；（　　　）、（　　　）、（　　　）等物品的制造和流通也不能让市场来调节。

（2）市场调节存在（　　　）、（　　　）、（　　　）等固有弊端。

（3）仅仅由市场调节的危害：会导致资源分配（　　　）、（　　　）；社会经济不稳定，发生（　　　）；（　　　）不公平、（　　　），甚至导致（　　　）。

反
思
篇

（二）深度学习资料补充

1. 市场经济模式是多种多样的

市场经济模式不是一成不变的，也并非只有一种，而是多种多样的。历史、文化、现实国情等因素决定了不同国家的市场经济模式各不相同，即使在发达国家中市场经济模式也不相同。如法国、德国、日本在发展过程中形成了具有自身特点、不同于英、美两国的市场经济模式。

2. 社会主义市场经济是一种重要的市场经济模式

实践证明，社会主义市场经济是社会主义与市场经济的有机结合，是行之有效的市场经济模式。党的十八大以来，我国在国有企业改革、营造良好营商环境等方面取得重大发展，有力促进了社会主义市场经济的完善和发展。但也应认识到，根据我国现实国情和发展阶段的变化，我们仍需全面深化改革，不断完善社会主义市场经济体制。

（三）思考问题，小组讨论

（1）商品价格与供需关系是如何的？

（2）如何区别市场调节的弊端？

（3）在完成上述填空的过程中，你如何认识"两只手"优于"一只手"？

（四）课前评价，更好成长

通过学习导学案，请你对本课知识点的掌握程度及期待课堂表现做出判断。

表8-2-1

要求	具体内容	课前能力值（程度：A/B/C）	期待能力值（程度：A/B/C）
知识掌握	我能了解市场配置资源的具体内容		
	我能基本认识和区别市场配置资源优缺点		
	我能通过课前预习理解把握市场机制有效发挥作用的具体条件		
合作探究	在"课前预习"中，我通过小组合作，并在小组合作过程中积极发言，和小组成员配合良好		
思维能力	在"课前预习"中，我能运用简要思维图厘清自己的思维路径		

要求	具体内容	课前能力值 （程度：A/B/C）	期待能力值 （程度：A/B/C）
自我肯定	课前学习中我表现得好的地方：我积极思考，踊跃发言		

注：A表示熟练；B表示一般；C表示较差。

三、课堂探究案

议题一：口罩涨价的争论

大疫当前，市场机制还有效吗？

图8-2-1

正方：

一是向全社会传递资源稀缺程度的信息——物品相对价格越高，说明越稀缺。二是提供有效的激励以协调人们的行为——一种物品相对价格上升，扩大供给，增强竞争，尽量达到供求平衡；当需求猛增时，如果管住价格不让上涨，那实际上是限制价格机制发挥这两个作用，因此短缺必然势不可当：需求量过大而供给量上不来。三是鼓励创新。当高价格成为一种趋势，潜在的盈利空间将诱导具有创新能力的人思考如何进行竞争，通过新的技术创新和产品开发是常用手段，其中包括创新口罩的颜色与样式、加强对口罩机器的改良等。

反方：

第一个理由可以叫作道德与常识论。基本意见是：非常时期大家都要用口罩，口罩价格上涨是卖家乘人之危，"发国难财"，当然应该反对。澎

反
思
篇

湃新闻最近发表的一篇文章里，有一句话很有代表性："涨价一倍两倍还可以，但涨十倍二十倍那就太离谱啦，良心大大的坏了。"第二个理由可以称为市场失灵论。也就是说口罩的供给和需求在短期内都对价格反应不敏感——需求是"刚需"，供给也难以快速增加，总之是价格协调不了供求关系。第三个理由是由于市场经济趋利的特点，使得大量企业跟风，有比亚迪、格力等大公司的参与，也有大量小作坊的涉足。但随着国内疫情逐渐接近尾声，口罩已经成为烂大街的普通商品。口罩价格一落千丈，最终会使得大量口罩过剩、市场崩盘、口罩厂倒闭。同时，为了获得利润，也会使得大量的口罩厂铤而走险，使用的熔喷布不合格，为部分小作坊生产的垃圾熔喷布。2020年7月5日中国经济网公布，多地市场监管部门发布口罩不合格名单，数十万只口罩被收回。

探究一：

（1）阅读材料中正方观点，根据课前预习，画出材料中的关键词，完成流程图。（用蓝色笔单独完成）

（2）完善所填流程图，同伴互助互评，师生共同总结出市场调节的优点，指定中心发言人展示。（用红色笔标记修改过的内容）

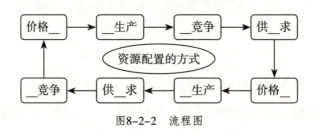

图8-2-2 流程图

（3）结合反方观点，找出材料中的关键词，在对应的表上完成3WRH法的内容。（在个人填写后小组合作探究共同完成，要求用不同颜色的笔显示填图过程）

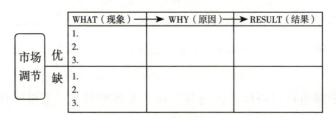

图8-2-3 完成3WRH法内容

（任选题）基础题：结合反方观点，谈谈市场调节有哪些缺点，该如何进行区别？

提优题：结合反方观点，谈谈这些市场调节的缺点，找到其现象、原因与结果。

（4）结合材料，说说你更赞同哪一方的观点？说说理由。

议题二：疫情下口罩的红与黑

镜头一：

口罩只卖给熟人。疫情高发期去药店买不到口罩，口罩只卖给熟人。一个名为"药房刘老板"的网友在某知名网站上发布了一段视频，道出了广大药店经营者的心声。以下为视频重点内容："当前疫情防控工作下，公众在网上出现了很多批判药店发国难财、发黑心财的文章。实际上口罩早已在各个流通环节层层加价，药店就跟普通消费者一样，面对加价的口罩丝毫没有办法。我们群里一个药房老板好心把自己留的几个N90卖给急需客户，客户拿到手后当着他面打电话举报。所以说现在已经不是赚钱的问题了，就是根本不敢卖了。"鉴于此，市场监管总局价格监督检查和反不正当竞争局制定了进销差价率防哄抬防疫物品价格，保障经营者和消费者自身利益。

镜头二：

黑心生产、销售假冒伪劣口罩等防护用品。近期，全国多地市场上出现了大量的假冒伪劣口罩案件，包装上多印着同一个牌子——飘安。记者登录国家企业信用信息公示系统，查询到河南的飘安集团，进行调查反馈。河南省市场监管局局长马林青告诉记者："疫情防控以来，包括安徽等地及我省市场上假冒河南长垣飘安集团生产的飘安牌口罩现象问题突出。为此，我们积极沟通相关省、市局，并介绍了当前市场监管部门打击假冒飘安牌口罩工作，与飘安集团加强沟通协调。飘安集团为维护企业声誉，立即作出关于'一次性使用医用口罩'的产品声明并发送至相关省、市市场监管部门。"

市场监管总局为保障口罩市场良性运转，集中开展专项整治行动，坚决查处生产、销售假冒伪劣口罩的违法行为；严格执行口罩市场原材料熔喷布的准入标准；保持对违法垄断、哄抬物价行为的高压震慑态势，为疫情防控营造有序市场环境。

反
思
篇

探究二：

（1）仔细阅读议题二，圈出关键词，根据已经学习的市场调节优缺点依据与结果，个人思考以下问题：

（任选题）基础题：疫情下口罩市场中红是如何战胜黑的？

提优题：你能找到市场经济中不同主体，来谈谈他们怎么做才能更好地发挥市场调节作用吗？

（2）小组内合作探究，归纳市场在资源配置中发挥决定性作用的主体与措施。

（要求用不同颜色的笔填写在优缺点对立图上）

		WHAT（现象）→	WHY（原因）→	RESULT（结果）→	WHO（谁）→	HOW（措施）
市场调节	优	1. 2. 3.				
	缺	1. 2. 3.				

图8-2-4

四、反思评价

1. 作业

独立完成本课思维导图。

2. 课后评价

请把课前填写的"课前能力值"以及"期待能力值"补充上去以做对比。

表8-2-2

要求	具体内容	课前能力值（程度：A/B/C）	期待能力值（程度：A/B/C）	课后能力值（程度：A/B/C）
知识掌握	我能通过流程图的方式理解市场配置资源的具体机制			
	我能通过案例探究分析全面认识市场配置资源优缺点			

要求	具体内容	课前能力值 （程度：A/B/C）	期待能力值 （程度：A/B/C）	课后能力值 （程度：A/B/C）
知识 掌握	通过口罩涨价之争案例探究，能理解把握市场机制有效发挥作用的具体条件，运用3WRH法了解高中政治分析材料基本要素			
合作 探究	在课前与课中，我通过小组合作，并在小组合作过程中积极发言，和小组成员配合良好			
思维 能力	在课前与课中，我能运用思维工具厘清自己的思维路径			
课后 其他 收获/ 疑问				

注：A表示熟练；B表示一般；C表示较差。

第三节　实践性教学思考：聚焦政治新课堂培养政治核心能力

——以部编版必修二《使市场在资源配置中起决定性作用》教学设计为例

2017年版课程标准出台后，以"立德树人"为教学的根本任务，让学生学习核心知识，养成核心素养，形成核心能力，从而奠定学生终身发展基石是课堂教学中需要不断思考的问题。学科核心能力应该是学生在学习中运用学科思维分析问题、解决问题和开展相关的社会实践，从而不断提升自身的学科素养，它应该包括审辩思维、问题解决能力和创新实践等。其中，思维能力的培养是关键。

2020年9月广东省新教材的普及推广使用。新教材的使用要求教师转变教学方式，学生转变学习方式。培养政治学科思维能力，打造政治新课堂成为课堂教学中的必然趋势。本文将以部编版高一思想政治必修二《经济与社会》第一单元第二课第一框《使市场在资源配置中起决定性作用》的教学设计为基础，分析教学目标、教学过程和教学评价三个方面，阐释如何培养政治学科思维能力，打造政治新课堂。

一、重构教学目标，明确教学策略

思维新课堂是在全面深刻地解读新教材内容和新课程标准的前提下，将教学目标分为知识目标和5C核心素养目标两个方面，重构教学目标的目的是让教师明确教学策略。知识目标的完成度是高中思想政治教学中特别重要的指标。根据布卢姆教育认知学习领域目标分类学，根据任务由易到难的程度及对应任务完成所需要的思维特征，将思维能力划分为低阶思维与高阶思维，共分为六个思维要素。思维要素的能力特征不同，分为三个不同层次的知识目标，从而制定出相对应的教学策略，如表8-3-1所示。

表8-3-1

思维要素	知识目标	教学策略特征
知识	事实性知识 （是什么）	观察、了解、记忆、 回忆、概括、描述
领会		
应用	概念性知识 （为什么）	综合归纳、分析解释、 搜集应用、比较
分析		
评价	程序性知识 （怎么做）	迁移发散、评价规划、 创造创新
创造		

《普通高中思想政治课程标准（2017年版2020年修订）》，要求本框以发挥市场决定性作用为主线，评析市场机制的优点与局限性。因此，事实性知识目标为：通过完成研磨手册知道供给与需求的含义及关系，同时情境导入与思考议题了解资源配置的基本手段；概念性知识目标为：完成流程图综合

归纳市场配置资源方式，结合市场优缺点对比图分析市场资源配置的基本原理和机制；程序性知识目标为：材料分析及合作探究分析建立现代市场体系的措施；能用3WRH法梳理清晰经济材料分析的基本构成要素。

二、挖掘思维过程，优化教学过程

（一）创设适切议题，激发不同思维

不同的议题设置可以培养不同的思维能力。对于基本概念、基本原理这些事实性知识，教师在这个阶段需要的是激活学生学习热情、激发学生自主学习和概括归纳能力，选取的议题将更多的是视频、简单的文字材料，也可以仅仅是课前指导学生进行书本阅读和知识归纳就可以。进入概念性知识和策略性知识时，设置的议题应该是能引发学生思考、讨论、分析、反思的，选取的议题应该不仅仅具有真实性，更需要有较为复杂的情境，可以是对比分析，也可以是开放性情境，便于学生进行知识建构，能够将所学知识转换为自己独特的思想、见解和策略，从而锻炼学生的高阶思维能力。

（二）善于提出问题，提升思维含量

思维能力强调学生发现问题与解决问题的能力，因此在思维课堂上，问题的设置应更具有深度才能达到培养学科思维能力的目的。在问题设置上应该注意以下几点：①设置的问题应该具有层次性和连续性，需要对应思维各个层级和结构特征。②有适度的挑战性，能够包含思维含量。对于书本上找得到答案的问题可以更多在课前或课后习题中巩固，在课堂中应更多的是让学生展示思维过程。③设置的问题要具有开放性与探索性，这样才能充分培养学生的发散思维，开拓学生的思维广度。如在本教学设计中就同一议题设置两个不同等级的问题，同时设置开放性问题：请针对市场调节的相关内容，谈谈你对口罩涨价的理解。④政治课堂问题的设置应具有辩证性，充满矛盾性和多元性的问题易引发学生的质疑和创造力，培养学生辩证看待问题和全面分析问题的能力。例如在本教学设计中设置议题"口罩涨价之争"，其中设置问题：结合材料，说说你更赞同哪一方的观点？说说理由。

（三）思维工具为载体，促进个人内化

当前很多的课堂都是热热闹闹的，如何让课堂落地有实效是评判好课堂

的重要指标，同时课堂不仅应该是少数优秀学生展示自身天赋的舞台，更应该是所有学生共同学习的天地。这就离不开课堂上教师给予学生个人内化的时间，通过安静思考、自主学习，帮助学生消化教师精讲的重难点，奠定合作探究的自我观点表达基础与前提。学生的自主学习，个人内化应该成为一种习惯。但仅仅让学生看书并不能达到理想的效果，因此，个人内化需要思维工具将思维外化，这就是思维工具的运用。例如，在学生理解资源合理配置的必要性后，需要学生在预习功课的前提下，阅读时政材料，分析资源配置方式，帮助学生个人梳理思路，理解资源配置方式。

（四）加强思维外化，强化合作探究

师生共同探究应成为课堂常态。在合作学习、互帮互助中，点燃学生思维火花，拓展学生的思维创造空间。在小组合作探究中，引导学生进行任务分工，充分发挥不同学生的特点，给予学生展示自己的舞台，培养学生的逻辑思维能力和语言表达能力，提高学生综合素养。合作探究的环节也是思维外化的环节，通过不同形式，如生生讨论、小组展示和小组质疑等方式让学生表达出来，这也是培养学生创造性思维的重要方式。如表8-3-2所示。

表8-3-2

教学过程	教师活动	学生活动	设计意图
合作探究	1. 设置两个不同等级问题，要求学生在小组讨论中有挑选地完成优缺点对立图中缺点部分的总结； 2. 通过小组展示，进行小组之间的互评，互相补充要点	要求学生针对两个任选题（选一或都选）问题，在小组讨论中完成优缺点对立图中缺点部分的填写。（用红色笔完成）	通过两个不同等级问题对学生进行分层教学，帮助所有的学生都有表达的机会。 通过阅读材料，完成优缺点对立图，培养与提高学生解读获取有效信息，调动运动知识、描述阐述事物的能力，提高系统思维与辩证思维能力
风采展示	1. 设置开放性问题，如：请针对市场调节的相关内容，谈谈你对口罩涨价的理解； 2. 教师负责记录所讲要点，给予学生个人展示风采的舞台	结合材料，说说你更赞同哪一方的观点？说说理由	设置开放性问题，引导学生综合分析问题，给予不同学生展示自我的空间，提高学生全面与辩证看待问题的思维能力

（五）落实总结反思，学会应用迁移

总结反思与应用迁移是培养提升学生高阶思维能力的重要环节。充分发挥思维导图的作用，帮助学生学会以课为单位进行知识系统化的梳理，不仅有助于学生系统化思维的培养，更有利于学生全面把握知识。学生提升学科素养，需要学会构建合理的学科知识框架，将新学的知识纳入已学知识体系，这是将知识应用迁移的前提。

应用迁移的内容包括四个方面：第一，知识的应用，即解决书本问题和真实情境问题；第二，知识的迁移，即迁移到本领域、本学科及其他领域和其他学科；第三，方法的应用，即解决本领域问题；第四，方法的迁移，即解决背景不熟悉但可以用同一方法的问题。教师在进行教学设计时，应该主动对这四个方面内容进行深思熟虑。一堂课中不能全部解决这些问题，在长期的教学中渗透这样的内容，能帮助学生迅速成长。本教学设计主要是通过运用3WRH法（七何分析法）的变式，帮助学生厘清经济材料分析的基本构成要素，帮助学生找到经济材料分析的方法。

反

思

篇

三、激发元认知，完善教学评价

教学评价标准是教师上好课的基本标准，同时教学评价目的是激发学生继续前进的动力。教学评价包括学生评价与教师评价。

对于学生评价应该包括学生学习个体小结，可以是课中对于学生回答问题及其表现的及时肯定与评价，也可以是课后学生对本节课学习成果的自我学习反思与期待。对学生的及时评价是学生评价的关键。学生评价可以分为师生评价、生生评价等主体多元评价。本课堂最大的特色之一就是以心理学为理论依据，采用了元认知评价方式。主要是通过学生对自身从知识掌握、合作探究、思维能力和自我肯定四个方面进行评价，通过对比课前能力值、期待能力值与课后能力值，让学生在每一节课都饱含对自身能力值的期待与感受，从而激发学生的学习信心与兴趣。如表8-3-3所示。

表8-3-3

要求	具体内容	课前能力值（程度：A/B/C）	期待能力值（程度：A/B/C）	课后能力值（程度：A/B/C）
知识掌握	我能通过流程图的方式理解市场配置资源的具体机制			
	我能通过案例探究分析全面认识市场配置资源优缺点			
	我通过口罩涨价之争案例探究，能理解把握市场机制有效发挥作用的具体条件，运用3WRH法了解高中政治分析材料基本要素			
合作探究	在课前与课中，我通过小组合作，并在小组合作过程中积极发言，和小组成员配合良好			
思维能力	在课前与课中，我能运用思维工具厘清自己的思维路径			
课后其他收获/疑问				

注：A表示熟练；B表示一般；C表示较差。

　　教师教学评价主要采用定量评价与定性评价相结合的方式，教师教学评价包括教师教学设计评价、教师教学过程评价、师生·生生互动评价和学生评价几个方面。评价量化的每一个评价指标明确，将能帮助教师更快、更准确地找到新课堂应具备的要素，同时通过数据对比与数据可视化，帮助教师找到自身存在的问题，以便更快提升自身的教学教研水平。在评价量表当中应特别注重学科思维培养、独立思考自主学习状况、小组合作学习状况。根据评价指标，教师在课堂中也将更有侧重，特别是学科思维能力的培养。

　　苏霍姆林斯基说："教会学生善于思考是学校的首要任务。""教给学生能借助已有的知识去获取知识，这是最高的教学技巧之所在。"思想政治学科是以学科素养为主题、学科知识为支撑，培养学生获得终身受益的必备品格与关键能力是方向。随着新教材的推广，新课标的实施，新高考的到来，认真研究新教材，抓住培养学生思维能力这个核心，建立政治新课堂是高中政治教师应尽之责。让学生乐学、好学，善于运用知识分析问题、解决问题，提高学科核心素养，使学生在课程学习中获得终身发展的更多学习能力，绽放灿烂的思维火花，真正成为承担中华民族伟大复兴的接班人。

参考文献

［1］B. S. 布卢姆，等.教育目标分类学：认知领域［M］.上海：华东师范大学出版社，2001.

［2］林崇德.21世纪学生发展核心素养研究［M］.北京：北京师范大学出版社，2016.

［3］李双君.浅谈"劣构问题"对提升学生思维品质的作用［J］.中国信息技术教育，2017（19）.

［4］核心素养研究课题组.中国学生发展核心素养［J］.中国教育学刊，2016（10）.

基于新教材高中数学学科的
"立人课堂"实践思考

　　函数的基本知识是高中数学的核心内容之一，函数的思想贯穿于整个初中和高中数学。函数是数学的重要的基础概念之一，是进一步学习高等数学的基础课程，是描述客观世界变化规律的重要数学模型，也是其他学科研究问题和解决问题的工具。函数是中学数学的主体内容，是学习不等式、数列、导数等内容的工具和基础。

第一节 《函数的概念及其表示（第1课时）》 教学设计

一、内容及其解析

（一）内容

函数的概念。

（二）内容解析

高中阶段不仅把函数看成变量之间的依赖关系，同时还用集合与对应的语言刻画函数。本节在教学中有着承上启下的作用，它不仅是对初中函数概念的加深和延续，还是对前面学习的集合的巩固和发展，而且它还是今后学好函数的基础，是数学建模核心素养体现的工具，渗透到高中数学学习的各个方面。

本节课的教学重点是函数的概念，理解函数三要素对函数起到的决定性作用。

二、目标和目标解析

（一）目标

（1）理解函数是描述变量之间的依赖关系的重要数学模型；

（2）能用集合与对应的思想理解函数的概念；

（3）理解函数的三要素及函数符号的深刻含义；

（4）培养学生数学抽象素养、逻辑推理能力和自主合作能力。

（二）目标解析

（1）通过四个实际问题让学生体会函数关系是两个变量间的一种重要关系，能辨析两个变量是否是函数关系。

（2）在实际问题和具体数学问题中，准确理解和描述出对应关系、定义域和值域，并能理解定义域或值域发生改变时，函数也发生了改变。

（3）通过从实际问题中抽象概括函数概念、小组合作讨论等培养学生抽象概括能力和合作探究能力。

三、教学问题诊断分析

（1）学生在初中阶段学习过具体的函数，但关注的是两个变量之间的依赖关系，而未关注变量的变化范围，这给高中函数概念的引入增加了一定难度。所以教材在问题1和问题2中都做了特别的设计，用实例激发认知冲突，让学生感受到进一步研究函数、关注变化范围的必要性。

（2）初中学习的是具体函数，有明确的解析式。而在高中函数概念中，强调的是"对应"。如何理解对应，对应和初中变量依赖之间的关系，这也是教学中学生难以理解的另一个问题。教材设计的问题3和问题4，特意无法用表达式，而是用表格和图像让学生感受"对应"，逐步抽象出统一的f。

（3）对于$y=f(x)$，$x \in A$中函数符号的理解，包括"对应"用f的抽象表示。因此，抽象的函数符号$f(x)$的含义及函数概念的理解也成了本节课的难点。

（4）当然，学生在初中有一定的基础，通过前面"集合"的学习，对集合思想的认识也日渐提高，为重新定义函数，从根本上揭示函数的本质提供了知识保证。

四、教学条件支持

借助信息技术有效直观呈现，帮助学生理解；快速准确收集学生学情反馈数据，帮助教师针对性地开展教学。在授课过程中，教师采用探究式教学法、问题导学法，逐步引导学生观察、分类、对比、分析、综合、抽象，从而得到函数的概念。

五、教学过程

（一）自主学习与课前反馈

课前布置学生在个人思考基础上，小组探讨以下问题，教师课上反馈点评。

（1）请举出几个我们学习过的函数。

（2）陈述初中函数的概念。

（3）$y = x$ 和 $y = \dfrac{x^2}{x}$ 是同一个函数吗？请说明判断的理由。

在课上反馈时，第1题请学生集体回答，教师记录在黑板上，第2题请学生个别回答，第3题请小组代表回答。教师根据回答引导学生再次理解初中函数概念。

设计意图：

（1）对学生课前学习情况反馈，培养学生自主学习与合作探究精神。

（2）通过回顾初中函数概念的学习，激活学生原有知识，使"熟悉"的函数成为新知识的"生长点"，推动学生思维的参与。（初中函数概念强调"变量关系"，如果在一个变化的过程中有两个变量 x 和 y，并且对于变量 x 的每一个值，变量 y 都有唯一的值与它对应，那么我们称 y 是 x 的函数。其中，x 是自变量，y 是因变量）

（3）对于第3题的判断学生会不太确定，有一定困难。目的是引起学生的思维冲突，产生认知失调，从而打开思维闸门，深入挖掘函数概念的本质。在教师的引导下，"顺理成章"地抽象出函数概念的本质属性与核心部分，即"对应"。

（二）情境引入

问题1 某"复兴号"高速列车到350km/h后保持匀速运行半小时。

①时间 t 的变化范围是什么？

②能根据题意回答0.6h时对应距离是多少吗？（不能，因为半小时后的列车运行状况题目未明确）

③这段时间内，怎么表示列车行进的路程 S（km）与运行时间 t（h）的

反思篇

关系？这是一个函数吗？

④ 有人说：根据对应关系S=350t，这趟列车加速到350km/h后，运行1h就前进了350km，这个说法正确吗？

⑤ 你认为应该如何准确刻画这个函数？

（1）师生活动

第①题学生口答即可。第②、③题学生自己思考，讨论可得到答案。（学生容易忽略t取值范围）第④、⑤题独立思考后，小组展开讨论完成，最后形成共识：函数应该关注自变量的变化范围和函数值的变化范围。第③题在学生和教师一起讨论基础上给出标准的表达式：$S=350t$（$0 \leqslant t \leqslant 0.5$）。

（2）设计意图

此题有解析式，与"变量说"比较，提升点在于明确时间t的范围。第①、②问学生用初中所学的函数概念知识即可判断，有两个设计意图：一是引导学生数学审题要认真仔细，不可想当然；二是激发认知冲突，发现初中函数概念的不严谨。第③问是在学生关注到t与s变化范围后，尝试用更精准的语言表达函数。以"复兴号"为背景，既贴近生活，也向学生渗透爱国情怀与民族自豪感，激发学生立志成长。

问题2 某电气维修要求工人每周工作至少1天，至多不超过6天。如果公司确定的工资标准是每人每天350元，而且每周付一次工资。

① 你认为该怎样确定一个工人每周的工资？

② 一个工人的工资w（单位：元）是他工作天数d的函数吗？

③ 请你写出这个函数的表达式。

追问1：你认为有工人一周所获取工资为2450元吗？

追问2：如果将问题2中工人每天工资改为400元，而其他条件不变，你认为还可以用同样的函数来确定工人一周工资吗？为什么？

追问3：问题1和问题2中的函数对应关系相同，你认为它们是同一个函数吗？为什么？你认为影响函数的要素有哪些？

（1）师生活动

对于问题2，学生能够较容易得到$w = 350d$，但是在d的范围的表述上，学生可能会出现错误。比如写成$1 \leqslant d \leqslant 6$。对于这种情况，教师可以引导学生完善。独立思考三个追问后，小组讨论。

在小组讨论后，教师讲解理解函数值的变化范围，理解函数的影响要素。最后，教师再和学生一起分析，本题中去掉实际意义，只看具体数值，两个变量之间的关系可以理解为对于集合{1，2，3，4，5，6}中的每一个数值d，在集合{350，700，1050，1400，1750，2100}中都有唯一的w值与之对应。

（2）设计意图

本题与问题1的解析式相同，但定义域不同，是离散型函数。第①问和第②问让学生在用初中函数定义认识到w是d的函数的基础上，尝试用不同方法表示函数，为认识函数对应关系做准备。第③问是让学生模仿问题1的表述方法去描述函数，既让他们熟悉表述方法，同时训练他们的抽象概括能力。追问1进一步帮助学生认识函数对应关系的重要性。追问2和追问3帮助学生理解怎样区别不同的函数，进一步认识函数三要素的不可或缺，引导学生总结函数的三要素。最后的分析，引导学生从"对应"角度认识和理解函数概念。

问题3 如图9-1-1所示，这是北京市2016年11月23日的空气质量指数变化图。

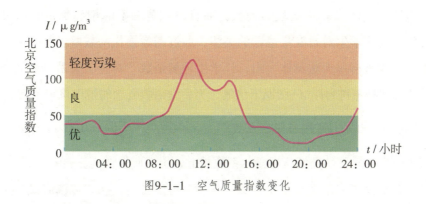

图9-1-1 空气质量指数变化

① 你能根据该图找到这天中午12：00的空气质量指数的值I吗？是否可以确定一天内任一时刻t的空气质量指数的值I？如何确定？

追问一：给定t的值，怎么给？（在0—24小时内给一个时刻t_0）

追问二：通过图形能确定唯一的I与之对应，怎么找到I？〔在横轴上，过t_0作垂线交曲线与(t_0, I_0)，就是与t_0对应的值〕

② 从所给图中能回答11月24日8：00的空气质量指数的值I是多少吗？

③ 11月23日这一天的空气质量指数的值I变化范围是什么？

④ 你认为这里的I是t的函数吗？如果是，你能仿照问题2，去掉实际背景，只看具体数值，用集合语言准确描述出I和t的对应关系吗？

⑤ 这是一个函数，你能写出I和t之间的函数表达式吗？

（1）师生活动

学生独立写出问题答案，小组简要讨论。在教师引导下体会图像表示的对应关系的实质，明确由确定的t值找出对应的I值的方法与步骤。第②问引导学生关注变化范围。对于第④问，学生可能难以回答（因为没有用解析式表示对应关系）。教师要先引导学生结合第①问，认识到时间t的变化范围是$A = \{t \mid 0 \leq t \leq 24\}$，空气质量指数变化范围是$B = \{I \mid 0 < I < 150\}$，对于每一个时间t的变化，I也是随之改变的，符合初中函数概念的定义。如果去掉实际背景，只看具体数值，问题也能描述为：对于集合A中的任一时刻t，按照图所给定的对应关系，在集合B中都有唯一确定的I与之对应，因此I是t的函数。

（2）设计意图

本题是用图像表示函数的关系，而且值域范围不能精确确定。通过问题分解，强化学生对自变量范围的关注，通过图像强化函数概念的"对应"关系。因为解析式无法具体写出，让学生理解函数"对应"关系呈现的多样性，为理解抽象符号$f: A \to B$埋下伏笔，为后续函数概念的得出奠定基础。

问题4 国际上常用恩格尔系数r（$r = \dfrac{实物支出金额}{总支出金额} \times 100\%$）反映一个地区人民生活质量的高低，恩格尔系数越低，生活质量越高。表9-1-1是我国某省城镇居民恩格尔系数变化情况，从表中可以看出，该省城镇居民的生活质量越来越高。

表9-1-1

年份y	2006	2007	2008	2009	2010	2011	2012	2013	2014	2015
恩格尔系数r（%）	36.69	36.81	38.17	35.69	35.15	33.53	33.87	29.89	29.35	28.57

① 这个表格中，时间的变化范围是什么？能不能用［2006，2015］来表示？恩格尔系数的变化范围是什么？

② 由这个表格能得出2005年的恩格尔系数吗？

③ 恩格尔系数r是年份y的函数吗？它们到底是怎样对应的？

④ 你能仿照问题2和问题3，去掉实际背景，只看具体数值，用集合语言准确描述出I和t的对应关系吗？

⑤ 你能写出r和y之间的函数表达式吗？

（1）师生活动

学生独立思考，小组讨论，教师相应点评。对丁问题①、②学生应该很快能够回答。对于问题③，学生可能难以回答。教师分析r和y之间的对应关系，发现它们之间依然满足函数的定义。

（2）设计意图

本题是用表格来表示函数的关系。进一步强化关注自变量范围，理解对应关系的多样性和抽象性。以上问题均来源于生活实际的典型事例，均按照"具体事例—观察—比较—分析—抽象概括"的过程，让学生有机会通过自己的类比、归纳得出一般规律。

（三）函数的概念

1. 函数概念的构建

问题5　①上述问题1至问题4中的变量是否都有一定的范围？请用集合表示。

②每个情境中，一个变量是根据什么对应到另外一个变量的？

③上述情境中，函数的表述有哪些共同特征？由此你能概括出函数概念的本质特征吗？

问题6　如果两个变量分别为x，y，无法写出具体表达式，你能找出一种一般的方法用x表示出y，实现统一和谐之美吗？

设计意图：直接提出问题③对学生来说可能存在难度，因此先提出问题①和问题②帮助学生寻找解题方向，再以问题1、2为例，分析说明它涉及两个数集，最终引导学生总结得出问题1至问题4的共同特征有：

第一，都包含两个非空数集，用A、B表示。

反

思

篇

第二，都有一个对应关系（有的明确具体，有的不具体，因而统一抽象用f表示对应关系）。

第三，对于数集A中的每一个值，按某种对应关系，在数集B中都能找到一个唯一确定的值与之对应。不同点是几个问题分别用解析式、图像、图表刻画了变量之间的对应关系。

问题6为引入数学符号表示对应关系而制造认知冲突，激发学生的探究欲望。我们借此向学生介绍18世纪莱布尼茨将y换成符号$f(x)$，即$y=f(x)$，实现了利用x表示出变量y，用符号f统一表示对应关系，意思是x在f的作用下得到一个结果y。f可以是解析式、图像或是图表或是其他形式。

至此得到函数的概念：一般地，设A、B是非空的数集，如果对于集合A中的任意一个数x，按照某种确定的对应关系f，在集合B中都有唯一确定的数y和它对应，那么就称f：A→B为从集合A到集合B的一个函数，记作$y=f(x)$。其中，x为自变量，x的取值范围A为函数的定义域；与x的值相对应的y值为函数值，函数值的集合$\{f(x)\mid x\in A\}$为函数的值域。

问题7 在函数概念中，除了非空数集这个前提外，你认为还有哪些关键因素？

（1）师生活动

学生独立思考与探讨。在得出关键因素有对应关系、定义域、值域后，教师结合问题2的追问1和追问3，解释为什么是这三个关键因素，让学生发现这三个要素是一个整体，对应关系是函数的灵魂，由定义域和对应关系可以确定值域。举例说明，在改变对应关系或定义域后，函数也会随之改变，让学生认识到函数三要素的重要性。

（2）设计意图

强调函数的三要素。让学生理解函数是一个整体，它必须具备：两个集合（定义域和值域），一个对应（从定义域到值域的对应）。同时教师特别解释$y=f(x)$，$x\in A$的含义，帮助学生理解f的抽象性及其在对应中起到的实际作用。通俗地理解，f就是"加工厂"，x是"原材料"，y是"原材料"通过加工厂按设定好的要求加工后得到的"产品"，"加工厂"对原材料的尺寸要求即为函数的定义域。

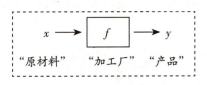

图9-1-2 函数构建过程

至此，学生经历了观察、分析、比较、概括的全过程，得到用集合语言和对应关系刻画的函数的概念。

问题8 请写出问题1至问题4四个函数的定义域和值域。说明函数的值域与集合B的关系。

（1）师生活动

学生独立完成，小组讨论，教师在PPT直接公布答案。问题3学生可能会存在疑问，值域无法用集合准确表示，只能得到值域所在的一个更大集合。教师借此解析值域和集合B之间的关系。

（2）设计意图

一方面是加深函数概念中定义域、值域的理解，另一方面是通过实际例子，帮助学生理解定义域就是集合A，值域是集合B的子集。

2. 函数概念的理解

例1 请指出一次函数 $y = ax + b$（$a \neq 0$）和二次函数 $y = ax^2 + bx + c$（$a \neq 0$）的定义域和值域。并用函数定义描述它们。

练习：请指出反比例函数 $y = \dfrac{k}{x}$（$k \neq 0$）的定义域和值域，并用函数的定义描述这个函数。

（可以采用以下表格形式，让学生填充）

表9-1-2 填写反比例函数 $y = \dfrac{k}{x}$（$k \neq 0$）的定义域和值域

函数	一次函数	二次函数		反比例函数
		$a>0$	$a<0$	
对应关系				
定义域				
值域				

例2 （1）判断下列对应"f"是不是从A到B的函数。

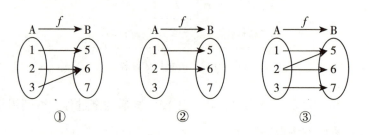

（2）判断下列图形是否可以作为$y=f(x)$的函数图像。

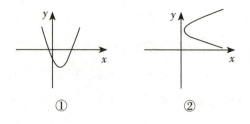

练习：教材第63—64页课后练习1、2、3题。

设计意图：例1是重新认识高中函数概念与初中函数概念的异同，例2是进一步加强函数概念的理解。

3. 函数概念辨析

问题9 （1）你认为边长为a与正方形面积S之间的关系①$S=a^2$和函数②$y=x^2$、函数③$y=t^2$是同一个函数吗？

（2）$y=x$和$y=\dfrac{x^2}{x}$是同一个函数吗？

师生活动：学生自己先思考并讨论第（1）问的三个函数，师生探究后得出以下结论。②和③是同一个函数（对应关系和定义域相同，值域相同），①和②不是同一个函数（定义域不同）。然后学生再分析研究第（2）问。

设计意图：回顾课本引言、课堂开始提出的问题，用高中函数概念去解决初中函数概念中的局限，理解对应关系f的抽象性，理解自变量字母表示的任意性，理解决定函数是否相同的关键在函数的定义。体会知识层次和深度的逐步上升。

例3 函数的解析式是舍弃问题的实际背景而抽象出来的，它所反映的两个量之间的对应关系，可以广泛地用于刻画同一类事物中的变量关系和规律。

例如，正比例函数 $y = kx$（$k \neq 0$）可以用来刻画匀速运动中的路程与时间的关系、一定密度的物体的质量与体积的关系、圆的周长与半径的关系等。试构建一个问题情境，使其中的变量关系可以用解析式 $y = x(10 - x)$ 来描述。

设计意图：让学生亲身经历构建函数的过程，通过不同的实际情景产生函数，明确函数要素对函数的影响，以及同样的函数模型可以刻画不同的实际问题，使学生体验函数的力量，领悟函数应用的广泛性。

（四）课堂小结

师生共同回顾本节课学习的内容，回答以下问题：

（1）函数的概念是什么？与初中函数概念相比有哪些变化？

（2）函数的三要素是什么？满足怎样条件的两个函数是相等的？

（3）怎么理解函数的对应关系 f？能用 h、g 来表示不同的对应关系吗？

（4）本节课我们是怎样得到函数概念的？对于其他数学概念的学习你有哪些思考或想法？

设计意图：进一步巩固本节课所学知识，加深函数概念理解。问题（4）引导学生从事实性知识、概念性知识走向程序性知识，培养学生掌握一类知识和方法的能力。

第二节 《函数的概念》研磨学案

一、学习目标

（一）课标要求

《普通高中数学课程标准（2017年版2020年修订）》要求通过《函数的概念》一课的学习，使学生建立完整的函数概念，不仅把函数理解为刻画变量之间依赖关系的数学语言和工具，也把函数理解为实数集合之间的对应关系，提升数学抽象、数学建模、数学运算等学科素养。

（二）学习目标

（1）在初中用变量之间的依赖关系描述函数的基础上，用集合语言和对应关系刻画函数，建立完整的函数概念，提升学生的数学抽象素养。

（2）体会函数表示方式的多样性，理解符号"$f: A \rightarrow B$，$y = f(x)$"，提升学生的数学抽象素养。

（3）了解构成函数的三要素。

（4）能求简单函数的定义域，会求函数值，提升学生的数学运算素养。

（5）在理解函数概念的基础上，理解相同函数的含义，掌握相同函数的判定步骤，提升数学抽象素养。

（6）了解区间的含义，能进行区间、不等式与数轴表示的相互转化，提升学生的直观想象素养。

（三）学习重点

能用集合语言与对应关系描述函数的概念。

（四）学习难点

函数的概念及符号的理解。

二、课前学习案

（一）基础知识梳理

1. 函数的基本概念

（1）函数定义：设A、B是非空_____，若按照某种确定的对应关系f，使对于集合A中的一个数x，在集合B中都有确定的数$f(x)$和它对应，则称f：A→B为从集合A到集合B的一个函数，记作：$y=f(x)$，$x\in A$。

（2）函数的定义域、值域：在函数$y=f(x)$，$x\in A$中，x叫自变量，x的取值范围A叫作_____，与x的值对应的y值叫函数值，函数值的集合$\{f(x) \mid x\in A\}$叫值域。值域是集合B的_____。

（3）函数的三要素：_____、_____和_____。

2. 相等函数

如果两个函数的_____和_____完全一致，则这两个函数相等。

3. 区间及写法

设a，b是两个实数，且$a<b$，则：

$\{x \mid a\leqslant x\leqslant b\}=[a, b]$叫_____区间；$\{x \mid a<x<b\}=(a, b)$叫_____；

$\{x \mid a\leqslant x<b\}=[a, b)$，$\{x \mid a<x\leqslant b\}=(a, b]$都叫_____区间。

实数集R用区间$(-\infty, +\infty)$表示。

$\{x \mid x\geqslant a\}=$_____；

$\{x \mid x>a\}=$_____；

$\{x \mid x\leqslant b\}=$_____。

（二）深度学习资料补充

阅读课本第75页"函数概念的发展历程"，用思维工具图描绘出函数概念的发展过程，并和小组同学谈一谈你对函数概念的发展历程的理解。

（三）思考问题，小组讨论

（1）初中学过的函数的定义是什么？

（2）$y=x$与$y=\dfrac{x^2}{x}$是同一个函数吗？

反
思
篇

三、课堂探究案

思考与探究1：

阅读课本问题1、问题2、问题3、问题4：

（1）归纳这四个问题中函数有哪些共同特征。

（2）概括函数概念的本质特征，指出和初中函数的概念的共同之处和不同之处。

采用"集合—对应说"之后，同时关注函数的定义域、对应关系和值域。其中对应关系是核心，有如下特征：对于定义域中任意实数在值域中都能找到唯一的实数与之对应。但对应关系的形式多样，除了解析式，还可以是图像、表格、文字语言等。

思考与探究2：

用新定义描述一次函数 $y = ax + b$（$a \neq 0$），二次函数 $y = ax^2 + bx + c$（$a \neq 0$），反比例函数 $y = \dfrac{k}{x}$（$k \neq 0$）。

表9-2-1

函数	一次函数	二次函数		反比例函数
		$a>0$	$a<0$	
对应关系				
定义域				
值域				

思考与探究3：

阅读课本第64页的相关内容，试着完成下列两个表格。

表9-2-2

定义	名称	符号	数轴表示
$\{x \mid a \leqslant x \leqslant b\}$			
$\{x \mid a < x < b\}$			
$\{x \mid a \leqslant x < b\}$			
$\{x \mid a < x \leqslant b\}$			

表9-2-3

定义	符号	数轴表示
$\{x \mid x \geq a\}$		
$\{x \mid x > a\}$		
$\{x \mid x \leq b\}$		
$\{x \mid x < b\}$		

四、反思评价

（1）请参考下述形式，用思维导图完成本节课的知识内容。

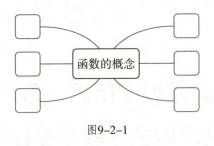

图9-2-1

（2）课后评价。（请把课前填写的"课前能力值"以及"期待能力值"补充上去以做对比）

表9-2-4

要求	具体内容	课前能力值（程度：A/B/C）	期待能力值（程度：A/B/C）	课后能力值（程度：A/B/C）
知识掌握	用集合语言和对应关系刻画函数，建立完整的函数概念			
	会求函数的定义域、函数值和值域			
	理解相同函数的含义，掌握相同函数的判定步骤			
合作探究	在课前与课中，我通过小组合作，并在小组合作过程中积极发言，和小组成员配合良好			

反

思

篇

要求	具体内容	课前能力值 （程度：A/B/C）	期待能力值 （程度：A/B/C）	课后能力值 （程度：A/B/C）
思维能力	在课前与课中，我能运用思维工具厘清自己的思维路径			
课后其他收获/疑问				

注：A表示熟练；B表示一般；C表示较差。

第三节　实践性教学反思：布卢姆教育目标分类学在高中数学教学设计中的应用

——以《函数的概念（第1课时）》为例

教学目标是指导教师设计、组织和实施教学行为的核心和关键。课程标准中对学习目标的描述非常简洁和精练。教师在实际备课过程中，必须基于学情分析，在一定的理论指导下，进行目标分解或优化，以真正实现目标，提升素养。

布卢姆教育目标分类法是由美国当代著名教育家和心理学家本杰明·布卢姆于20世纪50年代提出，自创建以来在教学中持续使用，成为教学的基础、当代教育最重要的基石之一。2001年，布卢姆的学生安德森组建团队对其分类体系进行了修正，将知识展开为一个知识维度，包括事实性知识、概念性知识、程序性知识、元认知知识；将认知过程定名为认知操作维度，包括六个方面，即记忆、理解、运用、分析、评价、创造。安德森假定每一个层次的认知操作都与每一种类的知识相互作用，这样就构成了一个二维目标分类框架（见表9-3-1），为教、学、评提供了更科学的指导基础。

表9-3-1

知识维度	认知过程维度					
	记忆	理解	运用	分析	评价	创造
事实性知识						
概念性知识						
程序性知识						
元认知知识						

以下，笔者以《函数的概念（第1课时）》（人教版）一课为例，就布卢姆教育目标分类法在高中数学教学设计中的应用作一探讨。

一、明确教学目标——以二维框架分析学习要求

《普通高中数学课程标准（2017年版2020年修订）》中明确说明了《函数的概念（第1课时）》的学习目标：在初中用变量之间的依赖关系描述函数的基础上，用集合语言和对应关系刻画函数，建立完整的函数概念，体会集合语言和对应关系在刻画函数概念中的作用，了解构成函数的要素。

布卢姆目标分类二维框架列出了认知过程维度的六个主类别，包括记忆、理解、应用、分析、评价、创造。第一层次是记忆，即对知识的回忆，最为简单，关键词有识别、回忆等；第二层次是理解，其核心是学生展现出对他们已知、已记住事实的理解能力，关键词有解释、辨析等；第三层次是应用，是指学生能用已有知识分析新的问题，并加以解决，关键词有执行、实施等；第四层次是分析，是学生能够将事物拆分，以显示其中的关系，关键词有组织、归因等；第五层次是评价，是对学习内容和自我学习过程的评估与判读，关键词有检查、评论等；第六层次是创造，是对已有现实进行进一步的开发，关键词有生成等。简单来说，这是一个从易到难的阶梯过程。要掌握高阶的内容，必须掌握低阶的部分。

据此，我们进一步地细分了本节课的内容：

反
思
篇

（1）记忆层次：能准确叙述高中函数的概念以及函数的三要素。

（2）理解层次：能理解函数"对应关系"的内涵，能理解利用集合语言描述对应关系是进一步抽象的结果，能解释 $y = f(x)$，$x \in A$符号语言的含义。

（3）应用层次：能根据函数的概念判断一个对应是否为函数，能从函数三要素之间的关系出发，判断两个函数是否为同一个函数。

（4）评价层次：能对比分析初高中函数概念的不同表述，能辨别"变量说"与"对应说"的差异。

（5）创造层次：能够将"现象—数学—现象"的研究过程和抽象提高的方法进行知识迁移。

从以上分析可以发现，《函数的概念（第1课时）》从知识层面，要求学生学会高中函数概念的定义；从能力层面，要求学生掌握用集合语言分析两个数集之间的对应关系，并能进行辨析和应用；从情感价值观方面，要引导学生经历从具体事例抽象出数学概念的过程，小组合作讨论，培养学生抽象概括能力和合作探究能力。

二、学习任务——依知识类别分解教学目标

教学目标确定了要到达的"终点"，在这种以预期最后学习结果陈述的目标中，一般未对达到终点目标之前的先行条件进行分析，也未包括学生原有知识、技能或学习方法等起始状态的分析。学习任务分析的核心就是掌握如何到达终点的基础、条件或策略。需要教师根据学习要求展开学情分析，进行教学问题诊断，了解学生的目前水平，明确学习任务。

《函数的概念（第1课时）》的学情分析及教学问题诊断如下：

（1）在初中阶段学习过具体的函数，但强调的是两个变量之间的依赖关系，也不关注变量的变化范围，这给高中函数概念的引入增加了一定难度。

（2）如何理解对应，对应和初中变量依赖之间的关系，如何理解抽象出来的统一的 $y = f(x)$，$x \in A$ 中函数符号，这也是教学中学生难以理解的另一个问题。

（3）进入高中后，进一步学习了集合，为"对应关系说"的函数初步扫除了障碍。

（4）从初中相对形象直观的"变量关系"，到高中相对抽象的"对应关系"，大大地拓展了函数的研究视野，扩展了函数的应用范围。通过这一过程，学生感悟到数学知识学习层次的逐渐深入。

通过以上任务分析，为实现《函数的概念（第1课时）》的总目标，还需要提出如下子目标：

目标1：能举出初中学过的具体函数，并知道具体函数的自变量、因变量，能回忆出初中函数的概念。

目标2：能用集合语言和对应关系陈述高中函数概念，能说明函数的三要素。

目标3：能对比分析出初高中函数概念的表述不同，能分析"变量说"与"对应说"的差异。

目标4：能用自己的语言阐述定义域、值域、对应关系三者之间的关系。

目标5：能独立判断一个对应是否为函数关系，能判断两个函数是否为同一函数，会求基础函数的定义域。

目标6：能感受函数 $y = f(x)$ 是描述现实世界中运动事物或变化现象的规律，感悟"现象—数学—现象"的数学研究过程，增加数学学习的技巧、方法和信心。

三、选择教学策略——按知识维度设计教学流程

布卢姆认知目标分类学认为，教学既有艺术性的一面，也有科学性的一面，但更倾向于将教学看成一种科学，认为"学有规律，教有优法"。也就是说，基于明确的知识分类，教学过程、教学策略就基本确定了。我们立足前面的分析，借助布卢姆认知目标新分类的二维框架，列出了《函数的概念（第1课时）》课堂教学双向细目表（见表9-3-2）。

表9–3–2

知识分类	课本知识	实际情境材料	能力要求						教学策略
			记忆	理解	运用	分析	创造	评价	
事实性知识	①初中函数的概念及学过的具体函数； ②函数自变量、因变量； ③高中函数概念内容及函数的三要素		√	√					课前自主学习；引入思维工具；提供记忆指导
概念性知识	①"变量说"分析实际问题； ②"对应说"分析数集之间元素与元素的对应问题； ③"变量说"与"对应说"的差异； ④$y=f(x)$，$x\in A$中函数符号的理解； ⑤定义域、值域、对应关系三者之间的关系	①高速列车运动问题； ②电气维修工人工资问题； ③空气质量指数变化问题； ④恩格尔系数问题	√	√	√	√	√		案例导学问题驱动精讲引领合作探究
程序性知识	①判断对应是否为函数关系； ②判断是否为同一函数； ③简单函数定义域的求解			√	√	√	√	√	例题精讲变式练习归纳小结
元认知知识	①本课知识自我归纳总结； ②理解函数对现实世界变化现象的规律描述； ③感悟"现象—数学—现象"的数学研究过程					√	√	√	评估结果反思过程增强效能

对于一些基本的数学名词、术语等，借用思维工具，帮助学生实现思维可视化，指导学生提前自主预习或是有效复习。从"变量说"分析实际问题，到用"对应说"分析数集之间元素的对应问题，这是学生概念抽象形成的重要过程。教师选择1—2个案例精讲，用更高层次的数学语言抽象出对应关系，进行示范引领。学生在后续分析探究中，需要继续深入地分析、思考和迁移，实现"评价和创造"，更进一步体会到用集合语言重新定义函数的必要性。同时加强元认知教学，提升学生对学习策略、自我学习过程评估等

方面能力，提升学生主动学习意愿和学习力，为学生后续数学学习提供源源不断的动力。

参考文献

［1］中华人民共和国教育部．普通高中数学课程标准（2017年版2020年修订）［M］．北京：人民教育出版社，2020．

［2］麦克·道尔森．如何在课堂中使用布卢姆教育目标分类法［M］．汪然，译．北京：中国青年出版社，2019．

［3］洛林·W．安德森，等．布卢姆教育目标分类学（修订版）［M］．蒋小平，张琴美，罗晶晶，译．北京：外语教学与研究出版社，2009．

［4］章建跃．如何帮助学生建立完整的函数概念［J］．数学通报，2020（9）．